古典文獻研究輯刊

三四編

潘美月・杜潔祥 主編

第45冊

肩水金關漢簡分類校注
（第八冊）

王錦城 著

國家圖書館出版品預行編目資料

肩水金關漢簡分類校注（第八冊）／王錦城 著 -- 初版 -- 新
北市：花木蘭文化事業有限公司，2022〔民111〕
目 4+200 面；19×26 公分
（古典文獻研究輯刊 三四編；第45冊）
ISBN 978-986-518-900-6（精裝）
1.CST：居延漢簡 2.CST：簡牘文字
011.08   110022688

ISBN-978-986-518-900-6

古典文獻研究輯刊
三四編　第四五冊　　　　　ISBN：978-986-518-900-6

肩水金關漢簡分類校注（第八冊）

作　　者　王錦城
主　　編　潘美月、杜潔祥
總 編 輯　杜潔祥
副總編輯　楊嘉樂
編輯主任　許郁翎
編　　輯　張雅淋、潘玟靜、劉子瑄　美術編輯　陳逸婷
出　　版　花木蘭文化事業有限公司
發 行 人　高小娟
聯絡地址　235 新北市中和區中安街七二號十三樓
　　　　　電話：02-2923-1455／傳真：02-2923-1452
網　　址　http://www.huamulan.tw 信箱 service@huamulans.com
印　　刷　普羅文化出版廣告事業
初　　版　2022 年 3 月
定　　價　三四編 51 冊（精裝）台幣 130,000 元
　　　　　　　　　　　　　　　　　　版權所有 · 請勿翻印

肩水金關漢簡分類校注
（第八冊）

王錦城 著

目次

肩水金關 T4H

□□□　　　弩幅三，毋里　　　　　蘭冠三，毋里
執適〔1〕隧　弩長弦三，毋□　　　　　具弩□
　　　　　　禀矢銅鏃二百五十，少五（上）
長斧，少三　　　蓋冒一，毋
牛矢橐二，少一　蘭冠三，幣絕〔2〕
馬矢橐二，毋　　□三糒九斗，毋（下）　　　　　　73EJT4H：11+2

【校釋】

原整理者所綴為 73EJT4H：2+11，林宏明（2016D）左右改綴為 73EJT4H：11+2。
下欄第一行「冒」字原作「胃」，張再興、黃艷萍（2017，74 頁）釋。

【集注】

〔1〕執適：隧名。

〔2〕幣絕：「幣」同「敝」，義為破舊，敗壞。《玉篇・㡀部》：「敝，壞也。幣，同敝。」又「絕」指斷裂。則幣絕是說破舊斷裂。

吏計計計計　上計計計計（習字）　　　　　　73EJT4H：3A
河南雒陽南□里蘇□□□□月己巳入券□□□　　73EJT4H：3B

出錢十二　為□□□四枚　趙陽〔1〕九月壬辰付伯□□　73EJT4H：6

【集注】

〔1〕趙陽：人名。

☑朱黨　誤絕亡人赤表一　　　　　　　　　　73EJT4H：9

公乘□，年十七、長七尺、黑色　小婢麗〔1〕，黑色　馬一匹，騮□☑
　　　　　　　　　　　　　　　　　　　　　73EJT4H：15A
□□☑　　　　　　　　　　　　　　　　　　73EJT4H：15B

【集注】

〔1〕麗：人名，為小婢。

□□始安〔1〕里張時〔2〕，年廿□☑   73EJT4H：19

【集注】

〔1〕始安：里名。

〔2〕張時：人名。

☑　閏月壬午，南入　☑   73EJT4H：21

☑……兩　馬一匹☑   73EJT4H：26

☑彊，年卅八　字子立　已出　□□☑   73EJT4H：30A

☑□　☑   73EJT4H：30B

☑入二千，少五百八十丿   73EJT4H：31

　　　　　　弟則〔2〕　☑

☑□史延年〔1〕

　　　　　　馬一匹、軺車☑   73EJT4H：32

【集注】

〔1〕史延年：當為人名。

〔2〕則：人名，為延年弟。

筑陽〔1〕孝里〔2〕謝參〔3〕，年廿四　☑   73EJT4H：35A

丿　☑   73EJT4H：35B

【集注】

〔1〕筑陽：南陽郡屬縣。《漢書·地理志上》：「筑陽，故榖伯國。莽曰宜禾。」

〔2〕孝里：里名，屬筑陽縣。

〔3〕謝參：人名。

聞喜邑京里〔1〕☑   73EJT4H：37

【集注】

〔1〕京里：里名，屬聞喜邑。

☑張□六月奉　☑   73EJT4H：38

☑弦二百卅　　闌戶鑿三千

☑羊頭石三千　大黃弩廿☑　　　　　　　　　　　73EJT4H：41A

☑□　卒史一人　　　　　　　　　　　　　　　　73EJT4H：41B

【校釋】

　　「闌戶」原作「關門」，該兩字圖版分別作■、■，圖版略有模糊，但據文義和字形來看，應當釋作「闌戶」。

觻得定安〔1〕里趙☑　　　　　　　　　　　　　　73EJT4H：42

【集注】

〔1〕定安：里名，屬觻得縣。

☑□廿人　嗇夫放☑　　　　　　　　　　　　　　73EJT4H：44A

☑　史豐書☑

☑　□二所☑　　　　　　　　　　　　　　　　　73EJT4H：44B

　　□望隧忠，錢千　　☑

☑　□□□□章見錢二百，□練複襦，直錢九百　　☑　　73EJT4H：45

☑田卒淮陽郡陳□☑　　　　　　　　　　　　　　73EJT4H：48

☑畝一石　　☑　　　　　　　　　　　　　　　　73EJT4H：49

☑月丁未出　　☑　　　　　　　　　　　　　　　73EJT4H：51

☑雞三枚☑　　　　　　　　　　　　　　　　　　73EJT4H：53

　　　　　　　　　　車一兩☑

訾家常安夏陽〔1〕里閻尚〔2〕

　　　　　　　　　　□□□☑　　　　　　　　　73EJT4H：58

【校釋】

　　「□□□」韓鵬飛（2019，1741頁）作「肩水候」。今按，該幾字磨滅，不可辨識，當從整理者釋。

【集注】

〔1〕夏陽：里名，屬長安縣。

〔2〕閻尚：人名，為訾家。

河南郡鞏□☑　　　　　　　　　　　　　　　　　73EJT4H：62

氐池騎士常樂〔1〕里馮世〔2〕　☑　　　　　　　　73EJT4H：64

【集注】

〔1〕常樂：里名。

〔2〕馮世：人名，為騎士。

☑並，年卅四☑　　　　　　　　　　　　　　　　73EJT4H：70

☑　鹽三斗六升　稟萬福〔1〕隧卒狄臨☑☑　　　　73EJT4H：76

【集注】

〔1〕萬福：隧名。

……禁，年廿二　　☑　　　　　　　　　　　　73EJT4H：78

☑公乘宋偃〔1〕，年廿三　　☑　　　　　　　　73EJT4H：80

【集注】

〔1〕宋偃：人名。

戍卒南陽郡山都他陵〔1〕里胡軒〔2〕，年廿六　☑　　73EJT4H：90

【集注】

〔1〕他陵：里名，屬山都縣。

〔2〕胡軒：人名，為戍卒。

肩水金關 73EJD

祿福王里〔1〕公乘胡敞〔2〕，年廿五、字偉卿丿　車一兩、牛二　十一月己未
入　　　　　　　　　　　　　　　　　　　　　73EJD：1

【集注】

〔1〕王里：里名，屬祿福縣。

〔2〕胡敞：人名。

出粟一石二斗　四月廿日，付橐他令史耿卿，食送將軍傳馬四匹

　　　　　　　　　　　　　　　　　　　　　73EJD：5

【校釋】

「耿」字原作「所」，徐佳文（2017A）釋。

就家酒泉灤官力田〔1〕里公士馬適常〔2〕，年廿　九月庚午出　車一兩、牛二

73EJD：7

【集注】

〔1〕力田：里名，屬樂涫縣。

〔2〕馬適常：人名，為儌家。

出菱二百束　正月丙戌，以食廣地傳馬二匹，盡二月乙未，積十日

73EJD：9

官大奴苟壽〔1〕　　九月丁未出　ノノ　　　　　　　　73EJD：10

官大奴胡賀〔2〕　　九月丁未出　ノノ　　　　　　　　73EJD：15

【校釋】

以上兩簡形制、字體筆迹等一致，內容相關，當原屬同一簡冊，可編連。又簡73EJD：15 中的「九」字原作「十」，其作▮形，右半缺失，據 73EJD：10 來看，其亦當作「九」，據改。

【集注】

〔1〕苟壽：人名，為官大奴。

〔2〕胡賀：人名，為官大奴。

蘭三　其二完盖毌室　　　　　　　　　　　　　　　73EJD：12

【校釋】

「完」字圖版作▮形，從字形來看，似非「完」字，或當存疑待釋。

子女智祿福金里〔1〕趙常〔2〕，年十九　重毌車入出　　73EJD：13

【集注】

〔1〕金里：里名，屬祿福縣。

〔2〕趙常：人名。

居延都尉守屬居延累山〔1〕里公乘誠常富〔2〕，年五十三　移守御器簿　軺車
一乘，用馬一匹，騮牝、齒八歲、高六尺　　　　　　　　　　　　　73EJD：17

【校釋】

「累山」前「居延」二字原未釋，姚磊（2018E，102 頁）釋。

【集注】

〔1〕累山：里名，屬居延縣。

〔2〕誠常富：人名，為居延都尉守屬。

從莫當〔1〕至殄虜〔2〕五十三里　　　　　　　　　　　　　　　73EJD：24

【集注】

〔1〕莫當：當為隧名。

〔2〕殄虜：當為隧名。

千人令史氏池昌樂〔1〕里公乘東門輔〔2〕，年卅三　　　　　　73EJD：27

【集注】

〔1〕昌樂：里名，屬氏池縣。

〔2〕東門輔：人名，為千人令史。

☑　　　　　☐☐　　☐☐☐　　　　　　　　☐☐　　☐
☑橐一☐　檻一　　藥橐五　檳丸一　　　　　角支〔1〕一落一
☑一斗　　檻落一　　　出火遂〔2〕一具　眇〔3〕一　　　73EJD：47

【集注】

〔1〕角支：義不明，待考。

〔2〕出火遂：陳夢家（1980，164 頁）：「出火燧」即陽燧，《左傳》文十杜注云「燧，
取火者」，釋文云「燧，取火具」。乃取火於日的洼形圓鏡。

初師賓（1984A，161 頁）：漢時取火之具，一般認為有陽燧、鑽燧二種。
陽燧，為金屬製圓形聚光凹鏡，集日光於一點，照灼艾絮等易燃物即得火，說
見《淮南子・天文訓》《古今注》《夢溪筆談》等。但陽燧屬珍貴用品，數量不
多而使用不普遍，考古發現的實物甚少。鑽燧，為鑽木取火之具。《論語・陽
貨》：「鑽燧改火」；《韓非子・五蠹篇》：「鑽燧取火」；《管子・禁藏篇》：「鑽燧

易火」，皆以木鑽桿鑽研木塊（牝木）摩擦生火，故又稱木燧，說見《禮記·內則》注引鄭眾曰。其又一名曰陰燧，見居延簡甲91、92宣帝元康五年詔書簡：「先夏至一日，以陰燧取火」。「陰」字舊釋多誤，于豪亮始釋正為「陰」字。于氏以木燧取火乃與陽燧相對而言，故稱陰燧。然而《禮記·內則》疏引皇氏曰：「晴則以金燧取火於日，陰則以木燧鑽火」，亦可備一說。其特點為不受晴陰限制，無日光仍可取火，較陽燧方便而實用。居延戍所配備之出火燧為上述鑽燧而非陽燧。

今按，諸說多是。出火遂即取火的工具，但不知其指凹鏡還是鑽燧。

〔3〕眇：不明，待考。亦或釋讀有誤。

故吏屋蘭義來〔1〕里公乘王殷〔2〕，年廿五　前適補居延吏，今免歸故縣　輜車一乘☑　　　　　　　　　　　　　　　　　　　　73EJD：48

【集注】

〔1〕義來：里名，屬屋蘭縣。

〔2〕王殷：人名。

滎陽應里〔1〕侯順〔2〕，年卅五　丿　☑　　　　　　　73EJD：52

【集注】

〔1〕應里：里名，屬滎陽縣。

〔2〕侯順：人名。

居延守令史徐望〔1〕，年卅八、長☑　　　　　　　73EJD：53

【集注】

〔1〕徐望：人名，為居延守令史。

☑　高止〔1〕隧長　守尉史李辟兵〔2〕，七月辛酉出　　73EJD：54

【集注】

〔1〕高止：隧名。

〔2〕李辟兵：人名，為守尉史。

☑朔庚寅，守令史長〔1〕受就人昭武宣眾〔2〕里王辯〔3〕　☑　73EJD：56

【集注】

〔1〕長：人名，為守令史。

〔2〕宣眾：里名，屬昭武縣。

〔3〕王辯：人名，為僦人。

☑里公乘丘光〔1〕，年十九歲　方相車一，驪牡馬一匹，齒十四歲　☑

73EJD：58A

☑　伏地伏　☑

73EJD：58B

【集注】

〔1〕丘光：人名。

☑□入，以食都丞騎馬十九匹、匹一斗二升，嗇夫成〔1〕臨薄中官卩

73EJD：59

【校釋】

未釋字秦鳳鶴（2018C，285頁）補釋作「具」。今按，該字作▨形，恐非「具」字，暫從整理者釋。

【集注】

〔1〕成：人名，當為關嗇夫。

居延市陽〔1〕里簪裹徐並〔2〕，年廿五　為人黑色、長七尺五☑

73EJD：60

【集注】

〔1〕市陽：里名，屬居延縣。

〔2〕徐並：人名。

木辟〔1〕亭卒呂未央〔2〕　☑

73EJD：61

【集注】

〔1〕木辟：亭名。

〔2〕呂未央：人名，為戍卒。

令史觻得萬歲〔1〕里公乘桃勳〔2〕，年卅☑

73EJD：62

【集注】

〔1〕萬歲：里名，屬轢得縣。

〔2〕桃勳：人名，為令史。

```
            荵一冊維☑
臨道〔1〕隧
            卒☐☐☑                                73EJD：69
```

【校釋】

　　「荵」原作「怂」，該字作**老**形，據其字形則為荵，荵即葱。《玉篇·艸部》：「荵，同葱。俗。」

【集注】

〔1〕臨道：隧名。

```
長安佐弋〔1〕里蔡護〔2〕，年十三、字君兄　　☑        73EJD：70
```

【集注】

〔1〕佐弋：里名，屬長安縣。

〔2〕蔡護：人名。

```
肩水戍卒周丙〔1〕　　☑                            73EJD：72
```

【集注】

〔1〕周丙：人名，為戍卒。

```
☑☐宋游君〔1〕，錢二百卅七☐☐☐☑              73EJD：86
```

【集注】

〔1〕宋游君：人名。

```
☑☐劍　　冊鉏☑
☑狗少一　　☑
☑綮白繩〔1〕少　☑（「綮白繩少」墨塗）          73EJD：91A
☑☐☐☐少一　長☐☑
☑狗少一　　　☐☐☑
```

☑□少一　　　　弩☑
☑□　　　　　　檠☑（大部分文字墨塗）　　　　　　　　73EJD：91B

【集注】

〔1〕檠白繩：檠為校正弓弩的器具。《廣韻·集韻》：「檠，所以正弓。」檠白繩者，
蓋謂校正弓弩所用的繩子。

☑　一領　　☑
☑　一枚　　☑　　　　　　　　　　　　　　　　　　　73EJD：92
☑□十四　九月乙亥入　　　　　　　　　　　　　　　73EJD：94
☑五月辛酉入，七月丁戊辰出　　　　　　　　　　　　73EJD：95

　　　　　　　□☑
肩水卒史宋賞〔1〕
　　　　　　　□☑　　　　　　　　　　　　　　　　73EJD：99

【集注】

〔1〕宋賞：人名，為卒史。

☑□鰥得□□里公乘毛□，年廿三歲　車一兩、牛二
　　　　　　　　　　　　　　　　　　　二月戊申入
☑□男□，年十三歲　　　　　　為家私市張掖　　73EJD：100
☑□一匹，齒廿歲、高六尺、正月丙子出　　　　　　73EJD：108
見三石具弩十八　☑　　　　　　　　　　　　　　　73EJD：110
☑□年廿五　丿　　　　　　　　　　　　　　　　　73EJD：112
☑　六月庚寅，出北有府記　　　　　　　　　　　　73EJD：115

☑□卿御至通遠，廿一日謁官、廿二日還宿橋北、廿三日日迹數……
☑迹南、日中迹北，竟還〔1〕；廿六日旦迹南、日中迹北，竟還；廿七旦迹南、
日……
☑□會吏□弩周，初八日旦南迹□日入迹南，竟；二日……
☑餔迹南，竟；九日旦迹南、日中迹北，竟還；五日旦迹南……
　　　　　　　　　　　　　　　　　　　　　　　　73EJD：120A

☑闉　旦迹北，竟還　日食時入關將卒詣　旦北至□□□　　旦迹

☑塞　下餔南，竟　　行暮宿都倉　　　□召卒出入□　　□徙□□
☑稽落食陳卿舍　　　　　　　　　　日入到治所□□　宿趙□□
☑　　　　　　　　　　　　　　　　竟　　　　　　　73EJD：120B

【校釋】

　　A面第四行「竟還」原作「至還」，「竟」字圖版作 ，據字形和文義來看，其為「竟」字無疑。

【集注】

　　〔1〕竟還：「竟」此處義為終了，完成。《漢書·韓信傳》：「公，小人，為德不竟」。「竟還」是說完成了日迹之後返回。

·右□□□四人　皆七月壬子出　　☑　　　　　　73EJD：122
☑巳入乙亥出　　　　　　　　　　　　　　　　　73EJD：127
☑　方相車一乘，駹牝馬二匹，齒各八□☑　　　　73EJD：128
☑□　黑色　　☑　　　　　　　　　　　　　　　73EJD：146

觻得成漢〔1〕里畢安世〔2〕，年廿　牛二、車一兩☑　73EJD：208+147

【集注】

　　〔1〕成漢：里名，屬觻得縣。
　　〔2〕畢安世：人名。

☑孫憲〔1〕，年廿三，寧歸昭武　　☑　　　　　73EJD：150

【集注】

　　〔1〕孫憲：人名。

☑食妻子甚□☑　　　　　　　　　　　　　　　73EJD：153

☑　稟通望〔1〕卒祝識〔2〕，四月盡五月，積二月食　☑　73EJD：154A
☑到到到地永叩頭　☑　（習字）　　　　　　　73EJD：154B

【集注】

　　〔1〕通望：當為隧名。
　　〔2〕祝識：人名，為戍卒。

曲中〔1〕隧長昭武對市〔2〕里公☑　　　　　　　　　73EJD：160

【集注】

〔1〕曲中：隧名。

〔2〕對市：里名，屬昭武縣。

☑　見　𠂤　　　　　　　　　　　　　　　　　　73EJD：161

☑　九月戊辰入　　☑　　　　　　　　　　　　　73EJD：167

☑　七月丁酉入丿乙卯　　　　　　　　　　　　　73EJD：168

彙他守屋蘭　里韓　　☑　　　　　　　　　　　73EJD：169

☑□陽東鄉東樂〔1〕里郭敞〔2〕，年五十、長☑　　　　73EJD：173

【校釋】

簡首未釋字姚磊（2017J3）推測為「雒」。今按，說可從，但該字殘缺，不可辨識，暫從整理者作未釋字處理。

【集注】

〔1〕東樂：里名。

〔2〕郭敞：人名。

☑□倉里于盖眾〔1〕，年五十、長☑　　　　　　　　73EJD：174

【集注】

〔1〕于盖眾：人名。

☑年十六　車二兩、牛四　　☑　　　　　　　　　73EJD：177

☑亥百一十九里☑　　　　　　　　　　　　　　73EJD：178

戍卒李利親☑　　　　　　　　　　　　　　　　73EJD：180

☑□二月□☑　　　　　　　　　　　　　　　　73EJD：181

☑　□□卅七□　☑

☑□斤十五兩廿三錢〔1〕廿三銖〔2〕，直三百六十三　大銘□☑

☑……☑　　　　　　　　　　　　　　　　　　73EJD：186A

☑□重卅一斤，直四百九錢千八百九十斤　□☑

☑□重十斤四銖，直九十九錢六分斗□□□☑　　　　　　　73EJD：186B

【集注】

〔1〕錢：量詞，重量單位。該簡顯示其為小於兩而大於銖的重量單位，又作二十三錢者，則非十錢一兩。其和兩的換算有待考證。

〔2〕銖：重量單位。二十四銖為一兩。《漢書·律曆志上》：「一龠容千二百黍，重十二銖。兩之為兩。二十四銖為兩，十六兩為斤。」據此一百黍為一銖。但銖的重量，文獻又有不同的說法。如《說苑·辨物》：「十六黍為一豆，六豆為一銖。」則九十六黍為一銖。但據該簡，銖為小於錢的重量單位，則又非二十四兩一銖。

田卒東郡畔昌里〔1〕孟惡〔2〕，年卅一、長七尺☑　　　　　73EJD：191

【集注】

〔1〕昌里：里名，屬畔縣。

〔2〕孟惡：人名，為田卒。

☑三年十二月麥出入　　　　　　　　　　　　　　　　　73EJD：193

☑　　車二兩，黑牝牛二、齒十二歲，五月己未入　　　73EJD：198

子張〔1〕　　　傅長孟〔2〕　　令丞張子文〔3〕□☑

長孟子恩〔4〕　　孫翁蓋〔5〕　　倉松〔6〕丞馬長卿〔7〕☑

　　　　　　　　　□□□□□□☑　　　　　　　　　　73EJD：201

【集注】

〔1〕子張：人名。

〔2〕傅長孟：人名。

〔3〕張子文：人名。

〔4〕長孟子恩：當為人名，或名長孟字子恩。

〔5〕孫翁蓋：人名。

〔6〕倉松：趙爾陽（2016C）：此簡中的倉松當指西漢武威郡下轄的倉松縣……《漢志》作「蒼松」，《續漢志》作「倉松」，《晉書》作「倉松」。結合金關簡Ｄ：201圖版及釋文可推斷，西漢時此地名亦當寫作「倉松」，今本《漢志》誤，《續漢志》是。

　　　今按，其說或是。《漢書・地理志下》：「蒼松，南山，松陝水所出，北至
揗次入海。莽曰射楚。」蒼松該簡作倉松，或為本來寫法。

　〔7〕馬長卿：人名，為倉松縣丞，長卿當為其字。

河南宜樂〔1〕里史陽〔2〕，年卌九、字少賓　　　☑　　　　　　73EJD：204

　【校釋】

　　　「賓」字原作「實」，該字圖版作 [字] 形，當釋「賓」。

　【集注】

　〔1〕宜樂：里名，屬河南縣。

　〔2〕史陽：人名。

戍卒濟陰郡定陶漆里〔1〕官大夫丁☑　　　　　　　　　　　　　73EJD：207

　【集注】

　〔1〕漆里：里名，屬定陶縣。

觻得成漢〔1〕里王登〔2〕，年卅七　　　☑　　　　　　　　　73EJD：210

　【集注】

　〔1〕成漢：里名，屬觻得縣。

　〔2〕王登：人名。

肩水望城〔1〕隧長觻得步利〔2〕里暴口（上）
未得地節四年十月盡十一月，積二月，奉用錢千二百
……錢千二百……（下）　　　　　　　　　　　　　　　　　73EJD：211

　【集注】

　〔1〕望城：隧名。

　〔2〕步利：里名，屬觻得縣。

田卒淮陽郡陽夏安成〔1〕里上造周不識〔2〕，年廿四　　☑　　73EJD：212

　【集注】

　〔1〕安成：里名，屬陽夏縣。

　〔2〕周不識：人名，為田卒。或說不識即不知名字。

……里朝親，年卅二　　☑　　　　　　　　　　　　　73EJD：213

·右故受降〔1〕隧長氏池宣稟〔2〕里禎充〔3〕，字☑　　　73EJD：214

【校釋】

　　「宣」高一致（2016C）釋「宜」。今按，其說或是，該字作 形，漢簡「宣」
和「宜」字形體往往相似，不易區分，此暫從整理者釋。

【集注】

〔1〕受降：隧名。

〔2〕宣稟：里名，屬氏池縣。

〔3〕禎充：人名，為故受降隧長。

廣野〔1〕隧長孟通□☑　　　　　　　　　　　　　　73EJD：216

【集注】

〔1〕廣野：隧名。

以食彊漢〔1〕隧卒趙方始〔2〕六月☑　　　　　　　　73EJD：218

【集注】

〔1〕彊漢：隧名。

〔2〕趙方始：人名。

大昌〔1〕里張廣〔2〕　　口六　　　☑　　　　　　　73EJD：221

【集注】

〔1〕大昌：里名。

〔2〕張廣：人名。

☑丿　弓一、矢五十，劍一　　　　　　　　　　　　73EJD：224

☑車一兩、牛二　　　□　　　　　　　　　　　　　73EJD：225

凡為吏二歲四月五☑　　　　　　　　　　　　　　　73EJD：226

☑□□奉用錢八百　　　　　　　　　　　　　　　　73EJD：227

居延計掾王宗〔1〕，年卅六　子男尊〔2〕，年十四　□☑　73EJD：229

【集注】

〔1〕王宗：人名，為居延計掾。

〔2〕尊：人名，為王宗子。

子男居延鞮汗〔1〕里王武〔2〕，年十二歲　　▨　　　　　　　73EJD：232

【集注】

〔1〕鞮汗：里名，屬居延縣。

〔2〕王武：人名。

治渠卒河東安邑陰就〔1〕里公乘趙喜〔2〕　年卅九　▨　　　73EJD：233

【校釋】

　　「陰」字原作「陶」，秦鳳鶴（2018C，286 頁）釋作「陰」。今按，該字作 ![陰字形]

形，釋「陰」可從。

【集注】

〔1〕陰就：里名，屬安邑。

〔2〕趙喜：人名，為治渠卒。

▨　車一兩、牛二　▨　　　　　　　　　　　　　　　　73EJD：234

▨　囗聖仁，年卅二　▨　　　　　　　　　　　　　　　73EJD：235

官大奴杜得之〔1〕　大車一兩、用牛一，九月丁未出▨　　73EJD：236

【集注】

〔1〕杜得之：人名，為官大奴。

▨　六月乙亥，佐賞〔1〕出　　　　　　　　　　　　　　73EJD：239

【集注】

〔1〕賞：人名，為佐。

▨　囗囗囗▨　　　　　　　　　　　　　　　　　　　　73EJD：240

▨升粟　▨

▨斗二升糒　▨　　　　　　　　　　　　　　　　　　　73EJD：249

☑　受候史李昌〔1〕還入食　　　　　　　　　　　　73EJD：252

【集注】

〔1〕李昌：人名，為候史。

河東聞憙〔1〕第十二車廉里〔2〕呂竟〔3〕　　黃牝牛一，齒十一歲　　☑
　　　　　　　　　　　　　　　　　　　　　　　　73EJD：256

【校釋】

　　「第」韓鵬飛（2019，1760 頁）作「弟」。今按，該字作 形，據字形當為
「弟」。但漢簡中「第」「弟」的使用常存在混同的情況，暫從整理者釋。

【集注】

〔1〕聞憙：即聞喜，河東郡屬縣。《漢書·地理志上》：「聞喜，故曲沃。晉武公自
　　　晉陽徙此。武帝元鼎六年行過，更名。」顏師古注引應劭曰：「今曲沃也。秦
　　　改為左邑。武帝於此聞南越破，改曰聞喜。」

〔2〕廉里：里名，屬聞喜縣。

〔3〕呂竟：人名。

☑十石，直七百卅　　　　　　　　　　　　　　　73EJD：259A

☑（圖畫）　　　　　　　　　　　　　　　　　　73EJD：259B

盾一　☑　　　　　　　　　　　　　　　　　　　73EJD：273

☑觻得萬金〔1〕里邴種已〔2〕　　☑　　　　　　73EJD：276

【校釋】

　　「金」原作「年」，姚磊（2017C1）釋。

【集注】

〔1〕萬金：里名，屬觻得縣。

〔2〕邴種已：人名。

以食受降〔1〕隧卒莊充〔2〕，六月積卅日食☑　　73EJD：287

【集注】

〔1〕受降：隧名。

〔2〕莊充：人名，為戍卒。

☑　九月☑　　　　　　　　　　　　　　　　　73EJD：269

☑三石　□□　☑（削衣）　　　　　　　　　73EJD：321

☑稟陷陳〔1〕隧長薛宗〔2〕二月□☑　　　　　　73EJD：353

【集注】

〔1〕陷陳：隧名。

〔2〕薛宗：人名，為陷陳隧長。

☑里毛利〔1〕，年卅五　□☑　　　　　　　　73EJD：356

【集注】

〔1〕毛利：人名。

芀一斗　☑　　　　　　　　　　　　　　　　73EJD：370

【校釋】

「芀」原作「芀」。據字形和文義改。

☑稟候史□☑　　　　　　　　　　　　　　　73EJD：371

肩水金關 72EJC　73EJC

安定郡施刑士安武〔1〕宜民〔2〕里莊子都〔3〕，年卅七、黑色、長七尺一寸☑

72EJC：5

【集注】

〔1〕安武：安定郡屬縣。《漢書‧地理志下》：「安武，莽曰安桓。」

〔2〕宜民：里名，屬安武縣。

〔3〕莊子都：人名，為弛刑士。

南部候長肥湯〔1〕菱千束，直五百　☑　　　　72EJC：6

【集注】

〔1〕肥湯：人名，為南部候長。

宜陽〔1〕新中〔2〕里浩賢〔3〕，年廿七　……☑　　72EJC：10

【集注】

〔1〕宜陽：據《漢書·地理志》，宜陽為弘農郡屬縣。

〔2〕新中：里名，屬宜陽縣。

〔2〕浩賢：人名。

觻得騎士萬年〔1〕里齊博〔2〕 □□　　　　　　　72EJC：11

【集注】

〔1〕萬年：里名，屬觻得縣。

〔2〕齊博：人名，為騎士。

茂陵嘉平〔1〕里莊彊〔2〕，年卅三 ☑（削衣）　　72EJC：14

【集注】

〔1〕嘉平：里名，屬茂陵縣。

〔2〕莊彊：人名。

戍卒穀成吉平〔1〕里趙辟〔2〕，年卅一 ☑（竹簡）　　72EJC：18

【集注】

〔1〕吉平：里名，屬穀成縣。

〔2〕趙辟：人名，為戍卒。

安定郡安武宜陽〔1〕里司馬明〔2〕，年卅七、黑色、長七尺二寸 出入ノ

72EJC：19

【集注】

〔1〕宜陽：里名，屬安武縣。

〔2〕司馬明：人名。

陽夏都郵〔1〕里謝少子〔2〕，年卅六 公乘 長七尺二寸、黑色ノ ☑

72EJC：20

【集注】

〔1〕都郵：里名，屬陽夏縣。

〔2〕謝少子：人名。

⊘□彊，年卅一□□　長七尺二寸、黑色⁄　　　　　　72EJC：21

河南郡滎陽新成〔1〕里范福〔2〕，年卅五　長七⊘　　　　72EJC：26

【集注】

〔1〕新成：里名，屬滎陽縣。

〔2〕范福：人名。

田卒魏郡犂臨里〔1〕大夫陰福〔2〕，年廿六　　⊘　　　　72EJC：27

【校釋】

　　「犂」字後高一致（2016C）、黃浩波（2016D）認為脫一「陽」字。今按，說是，當為原簡書寫時脫漏。

【集注】

〔1〕臨里：里名。

〔2〕陰福：人名，為田卒。

五年十二月中凍魚五　　⊘　　　　　　　　　　　72EJC：31

【校釋】

　　姚磊（2020F）綴合該簡和簡73EJT15：9。今按，兩簡茬口不能拼合，該簡下端尚有較長部分空白處，簡73EJT15：9需要疊壓在該簡下部的空白上面才能拼合，從圖版來看，該簡下部的空白處厚度上不存在缺失。又兩簡出於不同地點，因此兩簡不可綴合。

戍卒潁川郡許邑〔1〕廣德〔2〕里公乘王成〔3〕，年卅六　⁄（竹簡）

　　　　　　　　　　　　　　　　　　　　　　　72EJC：32

【集注】

〔1〕許邑：潁川郡有許縣。《漢書‧地理志上》：「許，故國，姜姓，四岳後，太叔所封，二十四世為楚所滅。」據簡文其曾為邑。

〔2〕廣德：里名，屬許邑。

〔3〕王成：人名，為戍卒。

戍卒淮陽僑陵里陳忠〔1〕，公乘、年廿八⊘（竹簡）　　72EJC：33

【集注】

〔1〕陳忠：人名，為戍卒。

☑□月壬戌出　　　　　　　　　　　　　　　　　72EJC：34

安定郡施刑士臨涇〔1〕留☑　　　　　　　　　　　72EJC：36

【集注】

〔1〕臨涇：安定郡屬縣。《漢書・地理志下》：「臨涇，莽曰監涇。」

■右第一車　　☑　　　　　　　　　　　　　　　72EJC：38

田卒河南郡陽武昌安〔1〕里鄭安〔2〕　　　　　　　72EJC：40

【集注】

〔1〕昌安：里名，屬陽武縣。

〔2〕鄭安：人名，為田卒。

戍卒南陽陰〔1〕臨定〔2〕里公乘□□□☑　　　　　72EJC：41

【集注】

〔1〕陰：南陽郡屬縣。《漢書・地理志》「陰」顏師古注曰：「即《春秋左氏傳》所
　　云遷陰於下陰者也，與鄀相近。今襄州有陰城縣，縣有鄀城鄉。」

〔2〕臨定：里名，屬陰縣。

安定郡施刑士鹵〔1〕工阿〔2〕里救充邑〔3〕，年廿、黃色、長七尺三寸　　☑
　　　　　　　　　　　　　　　　　　　　　　　72EJC：43+52

【校釋】

　「鹵」原作「周」，黃浩波（2016D）、（2017D，186頁）釋。

【集注】

〔1〕鹵：安定郡屬縣。

〔2〕工阿：里名，屬鹵縣。

〔3〕救充邑：人名，為弛刑士。

☑尺　☑   72EJC：45

☑   皆正月辛巳亭長出   72EJC：46

☑   大車一兩　☑   72EJC：48

戍卒淮陽司馬〔1〕里張樂☑   72EJC：49

【集注】

〔1〕司馬：里名。

☑□白里王未央〔1〕，年廿五　☑   72EJC：50

【集注】

〔1〕王未央：人名。

魏郡元城甲里〔1〕大夫董輔〔2〕，年卅   72EJC：51

【集注】

〔1〕甲里：里名，屬元城縣。

〔2〕董輔：人名。

出錢百卅　☑   72EJC：55

☑出卅就   凡出卅五☑

☑出五治卒籍ㄅ　☑   72EJC：56

平樂〔1〕隧卒郝偃〔2〕□□□□   官布☑

                         白布☑   72EJC：63A

□□□君□□□☑   72EJC：63B

【集注】

〔1〕平樂：隧名。

〔2〕郝偃：人名，為戍卒。

出錢九百　建始元年十二月庚寅☑   72EJC：64

安定郡施刑士烏氏〔1〕始安〔2〕里王發〔3〕，年卅☑   72EJC：68

【集注】

〔1〕烏氏：安定郡屬縣。《漢書・地理志下》：「烏氏，烏水出西，北入河。都盧山
　　　在西。莽曰烏亭。」

〔2〕始安：里名，屬烏氏縣。

〔3〕王發：人名，為弛刑士。

驪軒苑大奴尹福〔1〕，年卅、長七尺八寸　　☑　　　　　　　　72EJC：95

【集注】

〔1〕尹福：人名，為大奴。

☑　牛車一兩　十二月☑　　　　　　　　　　　　　　　　　　72EJC：100

☑□□□□郡□□□里嘉□□☑　　　　　　　　　　　　　　　72EJC：105

☑□斗三升少　稟☑　　　　　　　　　　　　　　　　　　　　72EJC：106

定陶亭皇〔1〕里張弘〔2〕，年卅八　　☑　　　　　　　　　　72EJC：114

【集注】

〔1〕亭皇：里名，屬定陶縣。

〔2〕張弘：人名。

☑田卒河南陽武□□里□□□，年廿　　☑　　　　　　　　　　72EJC：117

☑□　刀　　　　　　　　　　　　　　　　　　　　　　　　　72EJC：118

☑塢南面哰呼五尺以上二所，負五筭　　　大黃弩辟衣紟〔1〕非物，負一筭

☑塢南面哰呼五尺，負二筭　　　　　　　鞻簪紟短各三寸，負二筭

☑連延一，右隨枝，負一筭　　　　　　　木面衣哰呼一尺，負一筭

☑幡二紟皆短七寸，負二筭　　　　　　　鞻一卷絕，負一筭

☑靳干二負索非物，負二筭　　　　　　　服扁白，負一筭

☑大黃弩辟橐衣紟非物，負一筭　　　　　芳、馬矢橐幣，負二筭（上）

皮冒不事用，負一筭

冠二紟非物、不事用，負一筭

輔嬰〔2〕破，負五筭

毌連表，負一筭

· 凡負卅筭（下）　　　　　　　　　　　　　　　72EJC：119

【校釋】

　　上欄第六行「芀」原作「芀」，下欄第一行「冒」原作「窅」。據字形及文意改釋。

【集注】

〔1〕衣衿：衿為系帶。《說文·糸部》：「衿，衣系也。」段玉裁《注》：「聯合衣襟之帶也，今人用銅鈕非古也，凡結帶皆曰衿。」

〔2〕輔嬰：張國艷（2002，87頁）：「輔」即小木，與「扶」同。「扶」也就是「扶蘇」。《詩經》「山有扶蘇」。毛傳：「扶蘇，扶胥，小木也。」「扶」「輔」音義相近，「小木」長言為「扶蘇」急言為「扶」（輔）。「嬰」是古代盛酒的瓦器。也有木製的……所以「輔嬰」也就是用木製成的盛水或酒的器物。

　　　　今按，其說恐非是。待考。

熒陽宜成〔1〕里公乘張柱〔2〕，年冊　　▨　　　　72EJC：120

【集注】

〔1〕宜成：里名，屬熒陽縣。

〔2〕張柱：人名。

觻得益昌〔1〕里王福〔2〕，年五十七（上）
陽朔四年十月庚戌〔3〕，觻得長護〔4〕封致
為家私市居延（下）　　　　　　　　　　　72EJC：121

【集注】

〔1〕益昌：里名，屬觻得縣。

〔2〕王福：人名。

〔3〕陽朔四年十月庚戌：陽朔，漢成帝劉驁年號。據徐錫祺（1997，1642頁），陽朔四年十月丁亥朔，二十四日庚戌，即公曆公元前21年11月20日。

〔4〕護：人名，為觻得縣長。

▨□里成鳳〔1〕，年廿。載小麥八十七石五斗二，輸范誼誼

　　　　　　　　　　　　　　　　　　　72EJC：125+134

【校釋】

　　「五斗」下「二」字原缺釋，韓鵬飛（2019，1775頁）補釋。

【集注】

　〔1〕成鳳：人名。

☑里公乘☐☑　　　　　　　　　　　　　　　　72EJC：128

☑☐里馬富昌〔1〕　　☑　　　　　　　　　　　72EJC：129

【集注】

　〔1〕馬富昌：人名。

☑衣一領，直千三百五十☑　　　　　　　　　　72EJC：130
☑☐莊，年廿七　　☑　　　　　　　　　　　　72EJC：132
東定游里公士劉☐少，年卅☐☑　　　　　　　　72EJC：135

觻得富安〔1〕里公乘☐☑　　　　　　　　　　　72EJC：136

【集注】

　〔1〕富安：里名，屬觻得縣。

☑出倉麥十石，輸廣地累山〔1〕亭　　　　　　　72EJC：137

【集注】

　〔1〕累山：亭名。

田卒河南郡陽武臨水〔1〕里寇辰☑　　　　　　　72EJC：141

【集注】

　〔1〕臨水：里名，屬陽武縣。

卷西宜〔1〕里路有〔2〕，年廿六　　☑（竹簡）　　72EJC：143

【集注】

　〔1〕西宜：里名，屬卷縣。

　〔2〕路有：人名。

☑十四匹　元康二年十二月戊寅〔1〕，嗇夫蓋眾〔2〕內
☑車六兩　候君臨〔3〕　　　　　　　　　　　　　　　72EJC：145

【集注】

〔1〕元康二年十二月戊寅：元康，漢宣帝劉詢年號。據徐錫祺（1997，1556 頁），
　　元康二年十二月乙丑朔，十四日戊寅，為公元前 63 年 2 月 2 日。

〔2〕蓋眾：人名，為關嗇夫。

〔3〕候君臨：郭偉濤（2017A，246 頁）：應為某次大規模入關記錄，不僅關嗇夫蓋
　　眾主持迎接，肩水候亦親臨。

　　　　今按，其說是。候君臨即肩水候親自到臨。

具少酒案之具　　☑　　　　　　　　　　　　　　　　72EJC：147A
扈夫人卩　　☑
鄭夫人卩　　☑　　　　　　　　　　　　　　　　　　72EJC：147B
☑□　輜車一乘、馬一匹　皆十二月庚申☑　　　　　72EJC：149
☑年正月□亥下　　☑　　　　　　　　　　　　　　　72EJC：150

轢得長貴〔1〕里耿樂〔2〕，年廿五、長七尺五寸、黑☑　72EJC：154

【集注】

〔1〕長貴：里名，屬轢得縣。

〔2〕耿樂：人名。

吏十一人　徒五人　胡騎☑
民四人　　囚十人　輜車☑　　　　　　　　　　　　72EJC：156

繫陽宜祿〔1〕里大夫直武〔2〕，年廿八　　☑　　　72EJC：157

【校釋】

　　「繫」字原作「繁」，韓鵬飛（2019，1776 頁）釋。

【集注】

〔1〕宜祿：里名，屬繁陽縣。

〔2〕直武：人名。

田卒魏郡內黃廣昌〔1〕里□☑　　　　　　　　　72EJC：160

【集注】

〔1〕廣昌：里名，屬內黃縣。

☑　劍一，弓一、矢□☑　　　　　　　　　　　72EJC：162

☑元康二年二月辛酉，嗇夫成〔1〕內　　☑　　　72EJC：164+227

【校釋】

姚磊（2019F2）綴，「辛酉」原簡72EJC：227作「庚子」，綴合後釋。

【集注】

〔1〕成：人名，為嗇夫。

☑□，年卅二　☑　　　　　　　　　　　　　　72EJC：167

☑□祝知，年五十六歲，乘方相一乘，用馬一匹、高六尺二寸　字長卿

　　　　　　　　　　　　　　　　　　　　　　　72EJC：177

·西部河平四年五月吏卒稟城官名籍　☑　　　　72EJC：182

☑　出金關北　　　　　　　　　　　　　　　　72EJC：184

☑□食時入　☑　　　　　　　　　　　　　　　72EJC：188

☑年卅四刀　長七尺二寸、黑色☑　　　　　　　72EJC：191

出麥二石　稟☑　　　　　　　　　　　　　　　72EJC：192

☑東宜里☑　　　　　　　　　　　　　　　　　72EJC：193

☑短狀□、黑色，陽朔二年四月辛丑朔己巳〔1〕，北鄉佐　　72EJC：194

【集注】

〔1〕陽朔二年四月辛丑朔己巳：陽朔，漢成帝劉驁年號。據徐錫祺（1997，1637頁），
　　陽朔二年四月辛丑朔，二十九日己巳，為公曆公元前23年6月23日。

☑　稟曲河〔1〕亭卒□☑　　　　　　　　　　　72EJC：196

【集注】

　　〔1〕曲河：亭名。

靳幡二　完・今一幣端☑　　　　　　　　　　　　　　72EJC：197

出麥二石　稟東望〔1〕隧長劉承〔2〕五月☑　　　　　72EJC：198

【集注】

〔1〕東望：隧名。

〔2〕劉承：人名，為東望隧長。

☑□大昌里黃長生〔1〕，年□☑（削衣）　　　　　　72EJC：206

【集注】

〔1〕黃長生：人名。

☑田卒魏郡內黃　　☑（削衣）　　　　　　　　　　72EJC：208

☑　　丿丿　　　　　　　　　　　　　　　　　　　72EJC：213

☑□南池里趙安〔1〕，年廿七☑　　　　　　　　　　72EJC：214

【集注】

〔1〕趙安：人名。

延水令史楊禹〔1〕　　☑　　　　　　　　　　　　　72EJC：218

【校釋】

「延」原作「廷」，姚磊（2016G6）釋。

【集注】

〔1〕楊禹：姚磊（2016G6）：和簡73EJC：339以及居延漢簡32・11中楊禹為同一人，可知其職位是「延水令史」，爵位「公乘」，籍貫「櫟得市陽里」，年齡「卅五」。

今按，其說當是。楊禹為延水令史名。

☑九百五十錢，臧禁姦〔1〕　　☑　　　　　　　　　72EJC：225

【集注】

〔1〕禁姦：隧名。

居延守獄史居延陽里〔1〕公乘牟相〔2〕，年卅五☑　　　　72EJC：236

【集注】

〔1〕陽里：里名，屬居延縣。

〔2〕牟相：人名，為居延守獄史。

　　　　　　　☐

☑☐　受食平賈〔1〕錢糴粟☑

　　　　　　　　　　☐　　　　　　　　　　72EJC：237

【集注】

〔1〕平賈：高恆（1996，235頁）：即官定市場平均價格。

　　　　中國簡牘集成編輯委員會（2001J，50頁）：即官方承認的價格。

　　　　今按，諸說多是。平賈即平價，為平抑的價格。《管子‧輕重丁》：「請有
五穀收粟帛文采者，皆勿敢左右。國且有大事，請以平賈取之。」

田卒河南郡陽武園里〔1〕田慶〔2〕，年卅　　☑　　72EJC：238

【集注】

〔1〕園里：里名，屬陽武縣。

〔2〕田慶：人名，為田卒。

☑　卩（竹簡）　　　　　　　　　　　　　72EJC：239

觻得敬老〔1〕里爰充〔2〕，年卅三、長七尺五寸、黑色　字游君　☑

　　　　　　　　　　　　　　　　　　　　72EJC：240

【集注】

〔1〕敬老：里名，屬觻得縣。

〔2〕爰充：人名。

長　丿　謝子☐　☑（削衣）　　　　　　　72EJC：241

▉第十五車　　　　　　　　　　　　　　　72EJC：248

觻得騎士萬年〔1〕里齊博……　　　　　　　72EJC：250

【集注】

〔1〕萬年：里名。

　　　　出卅半月

……三五直千

　　　　出十五月□　　　　　　　　　　　　　　72EJC：251

為貰賣八百七十五　　　　　　　　　　　　　72EJC：252A

∫　雞一隻　　　　　　　　　　　　　　　　72EJC：252B

☑卒二人，其一人□三月壬辰病，一☑　　　72EJC：254

田卒河☑　　　　　　　　　　　　　　　　　72EJC：258

☑有德，年卅八□☑　　　　　　　　　　　　72EJC：259

陝華里〔1〕□☑　　　　　　　　　　　　　　72EJC：262

【集注】

〔1〕華里：里名，屬陝縣。

長年〔1〕里柳豐〔1〕　☑　　　　　　　　72EJC：263

【集注】

〔1〕長年：里名。

〔2〕柳豐：人名。

☑□年五十二、長☑　　　　　　　　　　　　72EJC：265

騂北亭長襃〔1〕　☑　　　　　　　　　　　72EJC：266

【集注】

〔1〕襃：人名，為騂北亭長。

治渠卒河東臨汾□□里□□☑　　　　　　　　72EJC：273

長安鄧里〔1〕王☑（削衣）　　　　　　　　72EJC：274

【集注】

〔1〕鄧里：里名，屬長安縣。

田卒魏郡犁陽當市〔1〕里☑（削衣）　　　　　　　　72EJC：276

【集注】

〔1〕當市：里名，屬犁陽縣。

☑麥十一石一斗三升少　　　　　　　　　　　　　72EJC：277

出麥二石　稟望城〔1〕隧長卜歸來〔2〕五月食　　　72EJC：278

【集注】

〔1〕望城：隧名。

〔2〕卜歸來：人名，為望城隧長。

服十一　　　　　　　　　　　　　　　　　　　　72EJC：279

☑　稟直隧〔1〕卒孫輔〔2〕五月食　　　　　　　　72EJC：280

【集注】

〔1〕直隧：或為隧名。

〔2〕孫輔：人名，為戍卒。

·右吏九人　用穀十一石　　　　　　　　　　　　72EJC：282

☑右一人　用茭五百束，詣塞虜〔1〕隧下取　　　　72EJC：283

【集注】

〔1〕塞虜：隧名。

元年二月中魚廿頭，遺李長賓〔1〕刀　　刀　　　　72EJC：284

【校釋】

　　「賓」原作「實」，該字圖版作⬛形，當釋「賓」字。「遺」原作「遣」，相似辭例尚有簡73EJT15：9，其中的「遣」黃艷萍（2016B，134頁）、（2018，139頁）釋作「遣」。又該字作⬛形，結合字形和辭例來看，其亦當釋「遣」。

【集注】

〔1〕李長賓：人名。

□□東明里趙莊〔1〕，年卅八　丿　方相車一乘，驪牡馬、齒十五歲　字君孫
二月辛卯出　丿　　　　　　　　　　　　　　　　　　　　72EJC：285

【集注】

〔1〕趙莊：人名。

□凡吏卒十五人　用穀卅石　　　　　　　　　　　　　　　72EJC：287

出粟二石　稟東部候長王族〔1〕十二月食　十二月晦，自取卩　72EJC：290

【集注】

〔1〕王族：人名，為東部候長。

□□范忠，公乘、年卅一　字長孫、牛車一兩　　　　　　　73EJC：294
□□光，年卅七　□　　　　　　　　　　　　　　　　　　73EJC：297

重里〔1〕滑廣〔2〕　疾　　　　　　　　　　　　　　　　73EJC：298

【集注】

〔1〕重里：里名。
〔2〕滑廣：人名。

出菱廿石丿　建始二年九月庚戌〔1〕，關嗇夫賞〔2〕付屋蘭廄佐就〔3〕　丿
　　　　　　　　　　　　　　　　　　　　　　　　　　　73EJC：299

【集注】

〔1〕建始二年九月庚戌：建始，漢成帝劉驁年號。據徐錫祺（1997，1622 頁），建
　　始二年九月乙酉朔，二十六日庚戌，為公曆公元前 31 年 11 月 13 日。
〔2〕賞：人名，為關嗇夫。
〔3〕就：人名，為屋蘭廄佐。

出麥二石　稟河上〔1〕卒禮猛〔2〕六月食　二十一卩□　73EJC：303

【集注】

〔1〕河上：當為隧名。
〔2〕禮猛：人名，為戍卒。

魏苟〔1〕脒錢卅　　　　　　　　　　　　　　　73EJC：304

【集注】

〔1〕魏苟：人名。

子小女威〔1〕，年一歲　　丿　六月丁巳出　　☑　　73EJC：305

【集注】

〔1〕威：人名。

☑　糸承弦二，其一長一短　　　　　　　　　　73EJC：306

出賦錢七百　給南部候史薛慶〔1〕三月□☑　　　73EJC：307

【集注】

〔1〕薛慶：人名，為南部候史。

　　　　　　其一在丞王卿舍　　☑
☑□廿三
　　　　　　一在丞牛卿舍　　☑　　　　　　　73EJC：308
☑出麥九石六升大　　　　　　　　　　　　　　73EJC：318

尹並〔1〕錢六百　　右後弩就錢〔2〕百七十　右前小畜錢〔3〕六百卅
右後小畜錢六百卅　　莊甲〔4〕錢百五十　　　中部小畜錢六百卅
左後錢五百卅　　　西部小畜錢五百卅　　　　73EJC：320

【集注】

〔1〕尹並：人名。

〔2〕弩就錢：「就」通「僦」，指租賃，弩就錢即租用弩的錢。

〔3〕小畜錢：李天虹（2003，39 頁）：「畜」也許通「蓄」，指儲蓄，按正常情況，
　　「小畜錢」也許是要按月存留的。
　　　　　今按，說恐非是。小畜為雞鴨等小的牲畜，小畜錢即有關小畜的錢。

〔4〕莊甲：當為人名。

戍卒魏郡梁期來趙〔1〕里不更王相〔2〕，年卅五（竹簡）　　73EJC：322

【校釋】

「趙」原作「期」,「相」原未釋,姚磊(2017J3)、(2018E,200頁)釋。

【集注】

〔1〕來趙:里名,屬梁期縣。

〔2〕王相:人名,為戍卒。

第五十二車張□□房　　　　　　　　　　　　　　　　　　73EJC:323

【校釋】

「第」韓鵬飛(2019,1784頁)作「弟」。今按,該字作 ![字形] 形,據字形當為「弟」。但漢簡中「第」「弟」的使用常存在混同的情況,暫從整理者釋。

☑□十月丁未,泔出 ﹀　　　　　　　　　　　　　　　　73EJC:328

☑□里女子☑　　　　　　　　　　　　　　　　　　　　73EJC:329

☑刀一枚　　☑　　　　　　　　　　　　　　　　　　　73EJC:332

☑　以給卅人隗憲二月來七月□☑　　　　　　　　　　　73EJC:333

【校釋】

姚磊(2016F6)認為「卅人」待考,「來」當為「奉」。今按,說或是,但簡文漫漶不清,字多不能辨識,暫從整理者釋。

安定〔1〕里宋□　□三　　☑　　　　　　　　　　　　73EJC:334

【集注】

〔1〕安定:里名。

居延都尉守屬延壽〔1〕里公乘韓尊〔2〕,年卅二　軺車一乘,用馬一匹,騮牝、齒七歲　　　　　　　　　　　　　　　　　　　　　　　73EJC:336

【集注】

〔1〕延壽:里名。

〔2〕韓尊:人名,為居延都尉守屬。

收葆亭長紀尊〔1〕　車一乘、馬二匹　十月甲申出　　　73EJC:337

【集注】

〔1〕紀尊：人名，為亭長。

☑右扶風平陵廣甯〔1〕里陳贛〔2〕小奴滿廚〔3〕，長五尺二寸，六月庚午入　乚

73EJC：338

【集注】

〔1〕廣甯：里名，屬平陵縣。

〔2〕陳贛：人名。

〔3〕滿廚：人名，為小奴。

☑□觻得市陽〔1〕里公乘楊禹〔2〕　十月壬戌出乚　☑　　73EJC：339

【集注】

〔1〕市陽：里名，屬觻得縣。

〔2〕楊禹：人名。

□□北鄉有秩大□□順陽期里公乘左彊〔1〕，年卅五　一　乚　73EJC：340

【集注】

〔1〕左彊：人名。

☑卒五十人……石一斗二升少　　☑

☑……　☑　　　　　　　　　　　　　　　73EJC：342

☑車一兩，正月庚寅出　　☑　　　　　　　73EJC：343

☑戍卒梁國睢陽宜安〔1〕里□☑　　　　　　73EJC：344

【集注】

〔1〕宜安：里名，屬睢陽縣。

入錢二……☑　　　　　　　　　　　　　73EJC：345

　　　其兩容五石・一破傷著☑

員釜五

　　　三容二石・二著造☑　　　　　　　73EJC：348

戍卒河南郡滎陽郎陰〔1〕里晏充〔2〕，年廿四（竹簡）　　　73EJC：351

【集注】

〔1〕郎陰：里名，屬滎陽縣。

〔2〕晏充：人名，為戍卒。

☑延長樂〔1〕公乘張常樂〔2〕，年卌　黑色，輒☑　　　73EJC：352

【集注】

〔1〕長樂：里名。

〔2〕張常樂：人名。

☑騎士便里〔1〕馮發〔2〕，年廿五☑　　　73EJC：357

【集注】

〔1〕便里：里名。

〔2〕馮發：人名，為騎士。

田卒河南陽武□☑　　　73EJC：362

田卒平干國南和〔1〕阮昔〔2〕，年☑　　　73EJC：363

【集注】

〔1〕南和：當為里名。

〔2〕阮昔：人名，為田卒。

☑牛車一兩，輪橐他　丿　　　73EJC：367A

☑　十二月乙卯入　　　73EJC：367B

垣〔1〕獄史竟里〔2〕公乘王威〔3〕　☑　　　73EJC：368

【集注】

〔1〕垣：據《漢書・地理志》，垣為河東郡屬縣。

〔2〕竟里：里名。

〔2〕王威：人名，為垣縣獄史。

☑郭卒范延門南門　☑（削衣）　　　　　　　73EJC：371

戍卒魏郡武安富貴〔1〕里☑　　　　　　　　73EJC：372

【集注】

〔1〕富貴：里名，屬武安縣。

☑牛車一兩，為觻得新成〔1〕里董親□☑　　73EJC：373

【集注】

〔1〕新成：里名，屬觻得縣。

☑□　　長七尺二寸☑　　　　　　　　　　73EJC：377

出賦錢千三　　☑　　　　　　　　　　　　73EJC：378

☑□人　　☑　　　　　　　　　　　　　　73EJC：386

☑繫陽義里〔1〕大夫☑　　　　　　　　　　73EJC：391

【校釋】

　　「繫」字原作「繁」，韓鵬飛（2019，1787頁）釋。

【集注】

〔1〕義里：里名，屬繁陽縣。

☑　　稾輂☑　　　　　　　　　　　　　　　73EJC：394

☑匹，其二黑、其二黃☑　　　　　　　　　73EJC：398

襄陵〔1〕明道〔2〕里……☑　　　　　　　73EJC：400

【集注】

〔1〕襄陵：河東郡屬縣。《漢書・地理志上》：「襄陵，有班氏鄉亭。莽曰幹昌。」
　　顏師古注曰：「晉襄公之陵，因以名縣。」

〔2〕明道：里名，屬襄陵縣。

毛羊一夷　　☑　　　　　　　　　　　　　73EJC：407

石北〔1〕隧卒吳初〔2〕　　　　　　　　　73EJC：410

【集注】

〔1〕石北：隧名。

〔2〕吳初：人名，為戍卒。

□廿四　　　　　　　　　　　　　　　　　　　　73EJC：411

☑福遣劉□，年卅　　　　　　　　　　　　　　73EJC：412

☑……屯留宜陽〔1〕里不更張從容〔2〕，年廿五　 ∫　73EJC：413

【集注】

〔1〕宜陽：里名，屬屯留縣。

〔2〕張從容：人名。

氏池安民〔1〕里官大夫趙壽〔2〕，年五十八、長七尺二寸、黑色　☑

73EJC：414

【集注】

〔1〕安民：里名，屬氏池縣。

〔2〕趙壽：人名。

南陽冠軍邑白水步昌〔1〕里張參〔2〕　年卅一　☑（竹簡）　73EJC：415

【校釋】

　　「白水」黃浩波（2016D）認為當是鄉名。今按，該兩字作 ![字]形，其中「水」字的釋讀尚有疑問之處，且該兩字亦存在屬於一字的可能，暫存疑待考。

【集注】

〔1〕步昌：似為里名，屬冠軍邑。

〔2〕張參：人名。

☑□馬二匹、以己丑十四日　　　　　　　　　　73EJC：416

出糜一石二斗，以食亭馬一匹十月壬□☑　　　　73EJC：417

榮聞〔1〕子大女清〔2〕　　子小男勝之〔3〕　☑　　73EJC：419

【集注】

〔1〕榮閒：人名。

〔2〕清：人名，為榮閒女。

〔3〕勝之：人名，為榮閒子。

橐他鄣卒呂罷軍〔1〕　　▨　　　　　　　　　　　　　73EJC：420

【集注】

〔1〕呂罷軍：人名，為鄣卒。

長安宜產〔1〕里夏輔宗〔2〕大奴利主〔3〕，年廿二▨　　　　73EJC：421

【集注】

〔1〕宜產：里名，屬長安縣。

〔2〕夏輔宗：人名。

〔3〕利主：人名，為大奴。

界亭〔1〕隧卒丘歐〔2〕　　▨　　　　　　　　　　　　73EJC：422

【集注】

〔1〕界亭：隧名。

〔2〕丘歐：人名，為戍卒。

田卒魏郡繁陽昌平〔1〕里大夫耿安世〔2〕，年廿八、長▨　　73EJC：424

【校釋】

「繁」字原作「繁」，韓鵬飛（2019，1788頁）釋。

【集注】

〔1〕昌平：里名，屬繁陽縣。

〔2〕耿安世：人名，為田卒。

三石具弩一▨

戍卒東郡茌平東樂〔1〕里張利親〔2〕

稾矢五十▨　　　　　　　73EJC：425

【集注】

〔1〕東樂：里名，屬茌平縣。

〔2〕張利親：人名，為戍卒。

田卒梁國睢陽石里〔1〕馮□☑   73EJC：427

【集注】

〔1〕石里：里名，屬睢陽縣。

觻得富里〔1〕皇秋〔2〕   ☑   73EJC：428

【集注】

〔1〕富里：里名，屬觻得縣。

〔2〕皇秋：人名。

☑□年廿三、長七尺三寸、赤☑   73EJC：429

☑   方相一乘，青白牡馬、齒八☑   73EJC：430

☑   牛車一兩   ☑   73EJC：431

☑□養里李道〔1〕   ☑   73EJC：432

【校釋】

「道」原作「尊」，姚磊（2017D6）釋。

【集注】

〔1〕李道：人名。

千秋〔1〕隧卒王德〔2〕   ☑   73EJC：434

【集注】

〔1〕千秋：隧名。

〔2〕王德：人名，為戍卒。

戍卒昭武千秋〔1〕里上造王□☑   73EJC：438

【集注】

〔1〕千秋：里名，屬昭武縣。

☑里上造李定〔1〕，年卅六　☑　　　　　　　73EJC：439

【集注】

〔1〕李定：人名。

☑□水陝里公士李毌害〔1〕，年□☑　　　　73EJC：440

【集注】

〔1〕李毌害：人名。

故駭〔1〕卒段益讎〔2〕　☑　　　　　　　73EJC：441

【集注】

〔1〕故駭：當為隧名。

〔2〕段益讎：人名，為戍卒。

☑楊音，年卅三　☑　　　　　　　　　　73EJC：453

☑年卅五　字子恩　　　　　　　　　　73EJC：455

☑奉　☑

☑□九月奉　☑

☑□七月八月奉　☑　　　　　　　　　73EJC：456A

☑□五十　☑

☑百卅三　☑　　　　　　　　　　　　73EJC：456B

☑□　給戍卒百一十☑　　　　　　　　73EJC：461

☑□年廿六　☑　　　　　　　　　　　73EJC：462

☑騎士安世〔1〕里寶常幸〔2〕　☑　　　73EJC：464

【集注】

〔1〕安世：里名。

〔2〕寶常幸：人名，為騎士。

☑□貰匠里李赦〔1〕　☑　　　　　　　73EJC：466

【集注】

〔1〕李赦：人名。

☑尺七寸、赤色　　☑　　　　　　　　　　　73EJC：468

☑□夫，年廿五　　……☑　　　　　　　　73EJC：469

【校釋】

　　姚磊（2019E5）遙綴簡 73EJT37：243 和該簡。今按，兩簡出土地不同，茬口不能直接拼合，暫不綴合作一簡。

☑□趙軋〔1〕，年廿七　　　　　　　　　73EJC：470

【集注】

　〔1〕趙軋：人名。

安樂〔1〕里范良〔2〕　　☑　　　　　　73EJC：471

【集注】

　〔1〕安樂：里名。

　〔2〕范良：人名。

☑　　犬絑一兩　　　　　枲履一兩

　　　　　　　　　　　　　　　卩

☑　　皁布單衣一領　　　　　　　　　　73EJC：475

　　　　候史一人　　六石具弩□☑

☑□□　隧長一人　　三石具□☑

　　　　　　　　弩☑　　　　　　　　　73EJC：476

會水都鄉安遠〔1〕里薛延〔2〕（竹簡）　73EJC：477

【集注】

　〔1〕安遠：里名，屬會水縣都鄉。

　〔2〕薛延：人名。

☑里王弘友〔1〕　　未得地節☑

☑戊午除　　　　已得都內☑　　　　　　73EJC：478

【集注】

　〔1〕王弘友：人名。

平樂〔1〕隧卒□☑　　　　　　　　　　　　　73EJC：479

【集注】

〔1〕平樂：隧名。

出粟小石三石　以□☑　　　　　　　　　　　73EJC：481

【校釋】

　　姚磊（2017G9）、（2018E，39 頁）綴合該簡和簡 73EJT10：308。今按，兩簡形制、字體筆迹等一致，內容相關，當同屬通道廄穀出入簿。但茬口處似不能十分吻合，又綴合後綴合處字簡距明顯較同簡其他文字之間的距離為大，因此暫不作綴合處理。

☑六百　丿給糜☑　　　　　　　　　　　　　73EJC：483
☑　□□□□☑
☑　革鞮瞀一　楯☑
☑　靳干三　☑
☑　靳幡三　☑　　　　　　　　　　　　　　73EJC：484

新成〔1〕里公乘陳農〔2〕，年卅□☑　　　　　73EJC：485

【集注】

〔1〕新成：里名。

〔2〕陳農：人名。

居延第三塢長杜常〔1〕　　☑　　　　　　　　73EJC：486

【集注】

〔1〕杜常：人名，為居延第三塢長。

執適〔1〕隧長呂相〔2〕　千□☑　　　　　　　73EJC：487

【集注】

〔1〕執適：隧名。

〔2〕呂相：人名，為執適隧長。

☑塞出入迹　　☑　　　　　　　　　　　　　　　73EJC：488

莫當〔1〕隧卒張襃〔2〕　　☑　　　　　　　　　　73EJC：489

【集注】

〔1〕莫當：隧名。

〔2〕張襃：人名，為戍卒。

☑候卒從受禁姦〔1〕隧宿　　　　　　　　　　　73EJC：491

【集注】

〔1〕禁姦：隧名。

☑門　未得地節二年五☑

☑　　已得都內賦錢☑　　　　　　　　　　　　73EJC：492

【校釋】

　　姚磊（2017G6）綴合 73EJT24：941 簡和該簡。今按，兩簡茬口並不吻合，出土地亦不同，其綴合似尚有疑問。

☑□籌簿　　☑　　　　　　　　　　　　　　　73EJC：493

☑□等四人五月□☑　　　　　　　　　　　　　73EJC：500

執適〔1〕隧卒陳相☑　　　　　　　　　　　　　73EJC：507

【集注】

〔1〕執適：隧名。

高長孟　　☑　　　　　　　　　　　　　　　　73EJC：508

☑□牛二頭丿☑　　　　　　　　　　　　　　　73EJC：510

☑□□隧長□☑　　　　　　　　　　　　　　　73EJC：513

☑□年廿五，庸同☑　　　　　　　　　　　　　73EJC：514

☑丘里秦勝〔1〕　　☑　　　　　　　　　　　　73EJC：516

【集注】

〔1〕秦勝：人名。

河南郡穀成縣臨尹〔1〕里左尊〔2〕，年冊　　☑　　　　　　　73EJC：520A

勿勿（圖畫）　　☑　　　　　　　　　　　　　　　　　　73EJC：520B

　【集注】

　〔1〕臨尹：里名，屬穀成縣。

　〔2〕左尊：人名。

☑　車一兩

　　　　　　　十一月壬申入

☑　牛二　　　　　　　　　　　　　　　　　　　　　　　73EJC：521

□卒宛邑同里〔1〕先外〔2〕，年廿六（竹簡）　　　　　　　73EJC：524

　【集注】

　〔1〕同里：里名，屬宛邑。

　〔2〕先外：人名，為卒。

見斗食十一人　凡七十八人

佐史六十八人　　　　　　　　　　　　　　　　　　　　73EJC：528

☑壽，年廿四　　☑　　　　　　　　　　　　　　　　　73EJC：533

☑□取　・出五十□　　　凡出六百七十六　　☑

☑　　　　出五百……取　餘凡五百廿四，五月戊□☑　　73EJC：535

☑　官馬三匹　劍一　☑　　　　　　　　　　　　　　　73EJC：536

四人封致籍，入肩水金關居☑　　　　　　　　　　　　　73EJC：537

☑元鳳六年六月壬寅〔1〕，以食御利上〔2〕里刑宗延☑　　73EJC：539

　【校釋】

　　　「御」字原作「衛」，該字作 ![字形] 形，圖版略有磨損，但據字形來看，當是「御」
字，御指駕車人員，此據以改釋。

　【集注】

　〔1〕元鳳六年六月壬寅：元鳳，漢昭帝劉弗陵年號。據徐錫祺（1997，1533頁），
　　　元鳳六年六月壬寅朔，為公曆公元前75年6月29日。

　〔2〕利上：當為里名。

☑……利上里公乘王☑，年☑七……☑   73EJC：541

☑   其六百一十☑

☑□凡錢千六百八十   其七百七十□□□☑   73EJC：543

☑   口二   ☑   73EJC：544

☑乘趙元〔1〕，年卅七、長七尺□☑   73EJC：546

【集注】

〔1〕趙元：人名。

赤于〔1〕一└一斗柯一，皆□☑   73EJC：550

【集注】

〔1〕赤于：「于」當通「杅」或「盂」。

☑劍一、佩刀一，弓一、箭十二☑   73EJC：552

☑□陽舒里常奉〔1〕   牛一，劍一、盾一   ☑   73EJC：554

【校釋】

「舒」字徐佳文（2017C，32 頁）釋作「郵」。今按，該字圖版作 郵 形，從字形來看，似當為「舒」。

【集注】

〔1〕常奉：人名。

☑年廿六   卩   73EJC：559

上蔡〔1〕穈布〔2〕里蔡福〔3〕   ☑   73EJC：560

【集注】

〔1〕上蔡：汝南郡屬縣。《漢書·地理志上》：「上蔡，故蔡國，周武王弟叔度所封。」

〔2〕穈布：里名，屬上蔡縣。

〔3〕蔡福：人名。

□陶左池〔1〕里李憲〔2〕，年卅九☑   73EJC：561

【集注】

〔1〕左池：里名。

〔2〕李憙：人名。

大奴同〔1〕，年卅　☑　　　　　　　　　　　　　　73EJC：562

【集注】

〔1〕同：人名，為大奴。

表是廄吏光〔1〕　　☑　　　　　　　　　　　　　73EJC：563

【集注】

〔1〕光：人名，為廄吏。

☑里公乘呂逢〔1〕，年☑　　　　　　　　　　　73EJC：565

【集注】

〔1〕呂逢：人名。

☑　　作一歲☑☑　　　　　　　　　　　　　　　73EJC：568

☑字幼賓　　☑　　　　　　　　　　　　　　　　73EJC：569

☑　　子小男捐之〔1〕，年七，輜車一乘、馬一匹　　73EJC：570

【校釋】

　　「七」原作「十」，姚磊（2018E，120 頁）釋。

【集注】

〔1〕捐之：人名。

出錢三千　　☑　　　　　　　　　　　　　　　　73EJC：571

☑□馬七食☑　　　　　　　　　　　　　　　　　73EJC：572

☑二輩，凡七□☑　　　　　　　　　　　　　　　73EJC：573

【校釋】

　　「輩」原作「軰」，姚磊（2016G6）釋。

蘩陽平定〔1〕里大夫時毌政☑　　　　　　　　　　　　73EJC：575

【校釋】

「蘩」字原作「繁」，韓鵬飛（2019，1797頁）釋。

【集注】

〔1〕平定：里名，屬繁陽縣。

　　　　　□☑
☑人
　　　　馬一匹□☑　　　　　　　　　　　　　　　　　73EJC：578
出錢四萬一千九百☑　　　　　　　　　　　　　　　　73EJC：579
☑　木一　☑　　　　　　　　　　　　　　　　　　　73EJC：580
☑……縱……七百　☑（削衣）　　　　　　　　　　73EJC：581
居延第一亭長□☑　　　　　　　　　　　　　　　　　73EJC：585
☑　弓一、矢十二　卪　　　　　　　　　　　　　　　73EJC：587

觻得成漢〔1〕里上造陶去疾〔2〕，年卅、長七尺一寸、黑☑　73EJC：588

【集注】

〔1〕成漢：里名，屬觻得縣。

〔2〕陶去疾：人名。

居延闟都〔1〕里男子王道〔2〕，年十七　　　　　　　73EJC：594

【校釋】

「闟」原作「關」，「道」原作「遵」，姚磊（2017D6）釋。「闟」字圖版作 ，門內並不作「夫」，而是「羽」字的草寫。這個字西北漢簡中十分常見，之前曾常釋作「關」，張俊民（2014B）已指出其誤，並對簡73EJT3：7、73EJT30：165中的「關」作了改釋。

【集注】

〔1〕闟都：里名，屬居延縣。

〔2〕王道：人名。

從者大奴王安世〔1〕，年十六　　　　　　　　　　　　73EJC：608

【集注】

〔1〕王安世：人名，為從者。

觻得滅胡〔1〕里郭護〔2〕，年廿、字君孟　六月戊午出　步　73EJC：609

【集注】

〔1〕滅胡：里名，屬觻得縣。

〔2〕郭護：人名。

戍卒氐池安利〔1〕里公乘田成〔2〕，年卌五　　　　　　73EJC：610

【集注】

〔1〕安利：里名，屬氐池縣。

〔2〕田成：人名，為戍卒。

小奴久〔1〕　　卩　　　　　　　　　　　　　　　　　73EJC：612

【集注】

〔1〕久：人名，為小奴。

南陽郡宛薄如〔1〕里朱耐〔2〕，年廿四　　☒　　　　　73EJC：614

【校釋】

　　「如」字原作「林」，秦鳳鶴（2018C，286頁）釋作「如」。今按，該字作 ![字形] 形，釋「如」可從。

【集注】

〔1〕薄如：里名，屬宛縣。

〔2〕朱耐：人名。

☒　車一兩，黑犗牛，齒九歲、素九尺五寸　　　　　　73EJC：616

·酒泉居延倉丞葆建始三年十一月傳副〔1〕　　　　　　73EJC：617

【集注】

〔1〕傳副：鄔文玲（2017，167 頁）：即酒泉居延倉丞葆建始三年十一月通行憑證
——傳的副本。

今按，其說當是。傳的副本為傳副。

☑　庸同縣□里不更高□，年廿一　　　　　　　　　　　　　　73EJC：626

鉅鹿郡下曲陽〔1〕丞白〔2〕里趙章〔3〕，年☑　　　　　　　　73EJC：628

【集注】

〔1〕下曲陽：鉅鹿郡屬縣。《漢書・地理志上》：「下曲陽，都尉治。」顏師古注：
「常山有上曲陽，故此云下。」

〔2〕丞白：里名，屬下曲陽縣。

〔3〕趙章：人名。

☑　長七尺二寸　☑　　　　　　　　　　　　　　　　　　　73EJC：635
☑癸未入　□　　　　　　　　　　　　　　　　　　　　　　73EJC：636
☑成　字子佩　卩　　　　　　　　　　　　　　　　　　　　73EJC：637
☑□佐徐光□☑　　　　　　　　　　　　　　　　　　　　　73EJC：638

☑□邑北甯〔1〕里公乘司誤〔2〕，年☑　　　　　　　　　　　73EJC：639

【集注】

〔1〕北甯：里名。

〔2〕司誤：人名。

☑陽樂里公乘張順〔1〕，廿四　長七尺三寸☑　　　　　　　　73EJC：642

【集注】

〔1〕張順：人名。

河內郡溫東謝〔1〕里公乘趙秋〔2〕，年卅二　持劍一　☑　　　73EJC：643

【集注】

〔1〕東謝：里名，屬溫縣。

〔2〕趙秋：人名。

☑□濆里尹山付〔1〕，年廿七　☑　　　　　　　73EJC：644

【集注】

〔1〕尹山付：人名。

☑　輜車一乘、馬一匹　　　　　　　　　　　73EJC：647

☑　車一乘，馬一匹，駱牡、齒十八☑　　　　73EJC：650

廣地候平陵獲福〔1〕里五大夫任晏〔2〕，年卅四　詣府　從者☑　73EJC：652

【集注】

〔1〕獲福：里名，屬平陵縣。

〔2〕任晏：人名，為廣地候。

受賦錢七千　　☑　　　　　　　　　　　　73EJC：657

☑得都里頓得奴〔1〕，年五十一　　☑　　　73EJC：658A

☑都里士五頓……☑　　　　　　　　　　　73EJC：658B

【校釋】

　　A面「都」前「得」字原作「阿」，姚磊（2016G6）釋。又B面「頓」後姚磊（2016G6）補「得」字。今按，補釋可從，但圖版磨滅，所補字僅存一點墨迹，不能辨識，當從整理者釋。

【集注】

〔1〕頓得奴：人名。

☑趙國邯鄲衡里〔1〕☑　　　　　　　　　　73EJC：659

【集注】

〔1〕衡里：里名，屬邯鄲縣。

☑張程〔1〕，年卅五、字少功☑　　　　　　73EJC：660

【集注】

〔1〕張程：人名。

☑　見　　　　　　　　　　　　　　　　　　　　　73EJC：661

☑公乘宋敵〔1〕，年廿五歲、長七尺五寸、黑色　　☑　　73EJC：662

【集注】

〔1〕宋敵：人名。

☑長僑　第公乘霸，年卅二　☑　　　　　　　　　73EJC：663

☑□年廿五　☑　　　　　　　　　　　　　　　　73EJC：666

☑□　四月辛巳出　卩　　　　　　　　　　　　　73EJC：668

☑丿　畢假千人　　　　　　　　　　　　　　　　73EJC：669

　　　　　　　　布巾一　　　　□　☑

☑□譚，年卅五　布單襦一領　橐一　☑

　　　　　　　　布昆一兩　　臿一具　☑　　　　73EJC：671

☑　用馬三匹　☑（削衣）　　　　　　　　　　73EJC：674

☑戊子出　　　　　　　　　　　　　　　　　　　73EJC：676

居延大灣 72EDAC

富安〔1〕里孫賢〔2〕　☑　　　　　　　　　　　72EDAC：4

【集注】

〔1〕富安：里名。

〔2〕孫賢：人名。

☑□匹千為強，七匹一丈九尺二寸　　　　　　　72EDAC：6

　　　　　　　　正月乙卯初作，盡八月戊戌，積二百四日

第四長安親〔1〕　用積卒二萬七千一百卌三人，率日百廿一人奇卅九人

　　　　　　　　墾田卌一頃卌四畝百廿四步，率人田卅四畝奇卅畝百廿四

　　　　　　　　步　三

　　　　　　　　得穀二千九百一十三石一斗一升，率人得廿四石奇九石

　　　　　　　　　　　　　　　　　　　　　　　　72EDAC：7

【集注】

〔1〕安親：王勇（2008，22頁）：該簡內容為第四部農屯田卒屯墾勞動的總結帳，
　　平均每天動用的勞力為 121 人多。

　　　　今按，其說當是。安親為第四農長名。

☑出麥二石六斗　本始四年三月乙巳朔戊辰〔1〕，王☑　　　　72EDAC：8

【集注】

〔1〕本始四年三月乙巳朔戊辰：本始，漢宣帝劉詢年號。據徐錫祺（1997，1543頁），
　　本始四年三月乙巳朔，二十四日戊辰，為公曆公元前 70 年 4 月 30 日。

居延查科爾帖 72ECC

☑入粟斗二升　　☑☑	72ECC：33
橐他張士行來便付訾簿　　☑	72ECC：34+59
☑□箭二	72ECC：37
十月入☑	72ECC：39
☑五斗　　☑	
☑□尺未敢賣，見在　　☑	72ECC：40A
☑□九斗卩　　☑	72ECC：40B
□當□□□□四匹□□□十□□□布四十五匹，弩十二	
……郡比造□□	72ECC：51
□□尹廣□□漢里李光〔1〕　　☑	72ECC：56

【集注】

〔1〕李光：人名。

□姊大女須〔1〕，年八十一，免　　☑　　　　72ECC：57

【集注】

〔1〕須：人名。

居延地灣 72EDIC

杜衍陽里〔1〕袁應〔2〕，卅七　□□　卩　　　　　　72EDIC：1

【集注】

〔1〕陽里：里名，屬杜衍縣。

〔2〕袁應：人名。

鯀得騎士萬年〔1〕里齊博〔2〕　　　　　　　　　72EDIC：2

【集注】

〔1〕萬年：里名。

〔2〕齊博：人名，為騎士。

戍卒淮陽國陽夏木里〔1〕芥自為〔2〕，年卅　卩　　72EDIC：5

【集注】

〔1〕木里：里名，屬陽夏縣。

〔2〕芥自為：人名，為戍卒。

▨□錫十斤□　▨　　　　　　　　　　　　　　　72EDIC：9

守尉史王成歸□▨　　　　　　　　　　　　　　72EDIC：15

▨□□　牛車四兩　入▨　　　　　　　　　　　72EDIC：16

▨乘桃華字馬，齒八歲　出▨　　　　　　　　　72EDIC：21

居延布肯托尼 72EBS7C

城勢〔1〕里王陽君〔2〕　田二十畝　食二石　　72EBS7C：5

【集注】

〔1〕城勢：里名。

〔2〕王陽君：人名。

第三章　律令科品類

肩水金關 T1

☑丑，命加笞八百，要斬
☑□丑，命加笞八百，要斬
☑月丁未，命笞二百，棄市（削衣）　　　　　　　　　　　　73EJT1：93

肩水金關 T3

・令乙第〔1〕☑　　　　　　　　　　　　　　　　　　　　73EJT3：84

【集注】

〔1〕令乙第：陳夢家（1980，281頁）：令甲、乙、丙即甲、乙、丙集，乃不同事類
　　的結集。但由於它們皆來自詔書中，故其各自編集，亦應案年排比先後……集
　　詔書而成之「令甲」「令丙」等，其中每一章如「符令」「篋令」所稱之令，不
　　是專行之令。符令、篋令皆單一詔書，而專行之令則分若干章。如《史記・儒
　　林傳》「太史公曰，余讀《功令》」下述公孫弘學官奏議，有云「請著功令，佗
　　如律令。制曰：可」。居延簡有《功令》第四十五，述士吏候長以令秋射之制，
　　可見《功令》也分章如《令甲》。

　　　　徐世虹（1998A，432頁）：以《令甲》詔令目錄及《令甲》《令乙》《令丙》
　　佚文所反映的內容與年代可見，《令甲》《令乙》《令丙》是漢初皇帝的詔令集，
　　所收詔令在內容上不具有同類性質，排列方式採用序列法，按年代順序列為第
　　一、第二、第三……。又據文帝、景帝不同時期的詔令交叉出現於甲、乙、丙

三令之中，可知甲乙丙除表明篇次外，還反映了整理者對詔令非單純年代劃分，而取其重要程度的選擇結果。

張積（2004，78 頁）：所謂令甲、令乙、令丙等名目，即表示漢令的不同類別，與如淳「令有前後」這種籠統的說法尚有較大的距離。

汪桂海（2009A，107 頁）：《令甲》《令乙》等名目的編定有可能是按照內容類別，而非按照帝王的先後次序，每一類別的令條集中編在一起，分別以甲、乙、丙、丁命名。

凡國棟（2011，168 頁）：我們認為「令」的編序按照其產生途徑的不同分別是由天子或各級各類官署在其各自的令文體系中自行按照時間的先後順序分別給予編號的，天子以「令」著首按照順序以甲乙丙丁編序，各官署以「某某令」著首按照順序編號。不同部門編序自成一體，互不干涉。編序方式或用日干，或用數字，或二者兼用，不拘一格。

廣瀨薰雄（2013，126 頁）：令本是詔，是一條一條發佈的。但根據漢代的文獻，漢令可以分為三種：（1）十干令（如令甲、令乙、令丙）；（2）掣令（如御史掣令、廷尉掣令、光祿掣令）；（3）事項令（如津關令、功令、符令）。而這三種令都有編號，如令甲第六、御史令第四十三、功令第四十五等。據此可知漢代已經對令按照某種標準進行分類、排列。

今按，諸說多是。漢代對令進行分類、排列。「令甲」「令乙」等名目應是按事類性質的不同分類編定的，其下又按年代次序分列第一、第二等。凡國棟認為「令」以時間的先後順序分別給予編號，這種看法恐不妥。

肩水金關 T4

☑□□□某家大福，某頓首頓首，幸☑（削衣）　　　　　　　　73EJT4：137

【校釋】

原釋文僅在「首」字後加重文符號「＝」，「頓」字後重文符號圖版殘缺，此據文義補。

【集注】

〔1〕某家大福，某頓首頓首：邢義田（1998，295 頁）：在敦煌、居延遺簡中，我們發現不少以「甲、乙、丙、丁……」或「某」代替特定人和以「若干」代替特定數位的簡牘。這些簡牘歸納起來看，和在睡虎地發現的秦代文書……

秦律十八種、封診式中以「甲、乙、丙、丁……」「某」「若干」代替特定人或數位的情形相同。漢簡中還有以「東、西、南、北」代替特定方位的情形。我相信具有這種特徵的簡牘，最少有某些部分是文書的範本。

邢義田（2012，184～185頁）：這一件削衣文字不全，但「某家」「某頓首頓首」的形式和語氣，不禁使我相信這是漢代私人書信的「式」或後世所謂「書儀」的一部分。

南玉泉（2012B，201頁）：漢簡這種帶有「某」「若干」及天干詞語的文式主要是文書寫作上的範本，它們當然可以稱為式，而秦之《封診式》除文書範式外，更主要的是司法程序的規則，雖然也稱為式，但程序規定的對象主要是針對人的行為。

今按，諸說是。該簡當為私人書信格式簡，或是所謂「式」的一種。

肩水金關 T7

☑馬千，屬國騎千五百〔1〕，留☑
☑苣苣火，即舉，追毌出塞□☑　　　　　　　　　　　73EJT7：93

【集注】

〔1〕屬國騎千五百：邢義田（2012，183頁）：過去我們完全不知屬國胡騎的規模，此條謂屬國騎一千五百，多少透露了一些信息。此簡右側還有一行字，約五字左右，釋文失錄。

沈剛（2012，234頁）：屬國是安置投降少數民族的機構，屬國騎大約也是從屬國少數民族中徵召的騎兵。從簡512·35AB看，胡騎就是屬國騎，和都尉系統的騎兵性質並不相同，這樣規模的騎兵部隊可能真正從事野戰。

今按，諸說多是。屬國騎即屬國中的騎兵，從該簡屬國騎兵有一千五百人且其追逐胡虜來看，其應當是主要從事戰鬥的部隊。

肩水金關 T9

舉表、苣火，如品約〔1〕　　　　　　　　　　　　　　73EJT9：100

【集注】

〔1〕品約：吳礽驤（1984，229頁）：漢代邊塞蓬火制度，為漢代蓬火制度之一種，

由中央、郡、部都尉等三級逐級頒發。中央頒發者，稱《品》，郡、部都尉頒發者，稱《品約》。

薛英群（1991，222 頁）：品是對律、科之具體事情的細目規定。《輿服志》曰：「二千石以下，各從科品。」《後漢書・安帝紀》元初五年，「舊令制度，各有科品。」即對律的細目法規。「各有科品」，都有一些具體的規定，或者可以成為細則，同樣具有法律效力。

高恆（1998，425 頁）：品，又名品令。法律形式，即律令細則。《漢書・百官公卿表》如淳注：「若盧，官名也，藏兵器。《品令》曰：盧郎中二十人，主怒射。」

中國簡牘集成編輯委員會（2001G，224 頁）：品，指事物的種類和品級。約，指共同遵守的條款、章程。居延邊塞的烽火品約即屬此類。

中國簡牘集成編輯委員會（2001J，37 頁）：法律文書的一種形式。以事類輯之者稱「科」，科下依輕重緩急設不同情況條款則曰「品」。《後漢書・安帝紀》：「舊令制度，各有科品。」約即約定，指經有關方面認可的約定、規定之類，具有法律效力。

劉光華（2004，198 頁）：品約係由「品」和「約」構成。漢代律令有科品、科條，鹽鐵有令品，均為中央政府頒發的全國統一執行的規定。烽火「品」，為中央政府頒發的有關烽火制度的規定。而「約」則為郡、部都尉根據其轄境情況，並參照中央頒發的「品」而制定的具體規定，合稱「品約」。

姚瑩（2007，248 頁）：「烽火品約」是漢代邊塞的舉烽規則，出於實際軍事防禦和傳遞軍情的需要，不同軍事防禦區的「烽火品約」往往不同。「烽火品約」在內容上具有其獨特的特徵，首先是根據敵情不同制定不同的舉烽品級；其次與要求統一遵守的律令等一般法律形式不同，「烽火品約」不僅強調各方的嚴格遵守，而且約束的對象通常根據軍情需要具有不同的義務；最後「烽火品約」具有法律的特徵，違反將受到律文所規定的的懲罰。

李均明（2009，227 頁）：「烽火品約」是關於以烽火形式進行通訊聯絡的具體規定，具法律效力。烽火信號以火光、煙、旗、籠狀標幟物的不同數量與不同組合來體現。常見器具有苣、積薪、烽、表等。

冨谷至（2018，241 頁）：「品約」是關於「品」的「約」，換言之，將其理解為關於個別的具體規定的規定是妥當的。表個別的具體規定的「品」加上表示規定的「約」，「品約」即烽火規定相關的規定，總體上指烽火規定的整體。

今按，諸說多是。品約為律令規章制度的一種形式，該簡品約即烽火品約，是有關烽火信號發放的具體規定。

☑虜入張掖郡界倉石〔1〕伏虜〔2〕隧以東，積薪、舉蓬通北部界，止北通報☐☐☐☑　　　　　　　　　　　　　　　　　73EJT9：101

【校釋】

「通北部界止北」原作「通北郡界以北」，何茂活（2014D）、（2016C）釋。

【集注】

〔1〕倉石：候官名稱，屬肩水都尉。

〔2〕伏虜：黃艷萍（2016A，120）：倉石為肩水都尉下所轄候官，故「伏虜燧」屬倉石候官。

　　　今按，說是。伏虜為隧名。

肩水金關 T11

☑☐☐☐高若干丈尺，堞〔1〕高若干丈尺，厚若干尺，并高若干丈尺　　　　　　　　　　　　　　　　　　　　　　　　　73EJT11：19

【校釋】

「并」字圖版作，似非「并」，或當存疑待釋。

【集注】

〔1〕堞：薛英群、何雙全、李永良（1988，49 頁）：城墻頂端如齒狀的矮墻。《說文》云：「城上女垣也。」《左傳》襄六年：「環城傅於堞。」《淮南子·兵略》：「莫不設渠塹傅堞而守。」

　　　中國簡牘集成編輯委員會（2001H，168 頁）：堞，城上矮墻。又名女墻。《說文·土部》：「堞，城上女垣也。」段玉裁注：「古之城以土，不若今人以專（磚）也。土之上間加以專墻，為之射孔，以俟非常。」

　　　今按，諸說是。《釋名·釋宮室》：「城上垣，或名堞，取其重疊之義也。」

肩水金關 T15

☑舉蓬……佗以莫當〔1〕隧以北和以蓬苣火，毋燔積薪☐☑　　　73EJT15：3A

☑……士吏、候長、隧長☐☐☐☐☐☐☐☐☐☐☐止至明　☑ 73EJT15：3B

【集注】

〔1〕莫當：隧名。

肩水金關 T21

當隧燔一積薪，從北方來，又　　　　　　　　　　73EJT21：27

十二月丁巳日且入時〔1〕，舉亭上一蓬表一，至日入時☑
十二月戊午日平旦時，橐他燔積薪，日蚤食時☐☑　73EJT21：63A
見大黃弩以下百卅七　☑
右完兵大折傷兵　☑
弩長辟卅　☑　　　　　　　　　　　　　　　　73EJT21：63B

【集注】

〔1〕日且入時：曾憲通（1992，112 頁）：檢《漢書·衛青霍去病傳》，記衛、霍於
　　漢武帝元狩四年（前 119）與匈奴大戰於塞外之定襄，「會日且入，而大風起，
　　沙礫擊面」。師古曰：「日且入，言日欲沒也。」
　　　　今按，日且入為日入之前的一個時段，即日欲入但未完全隱沒之時。

☐☐戍卒梁國睢陽某里公乘王甲〔1〕，年若干　☑　73EJT21：255

【集注】

〔1〕某里公乘王甲：邢義田（1998，301～302 頁）：其實這些看似特定具體的人名、
　　郡縣名、或年月，仍然只是舉例的性質。以上所列舉簡牘中的王甲、王乙、王
　　丙就是最好的例子。王甲等初看似乎是真實的人名，但和其他的簡文比較，就
　　清楚知道它不過是一個假設的人名而已。例證中的王甲可以是居延某里的公
　　乘，可以是某里的大夫，也可以是籍屬魏郡貝丘某里的戍卒。他也和王乙、王
　　丙同時出現在同一件文件裏，這和以甲、乙、丙、丁……代替人名的意思並無
　　不同……我們認為很可能就是漢代「律、令、品、式、科、比」裏的「式」。
　　前文已經指出簡牘所見這類範本最大的特徵在以「某」「若干」「甲乙丙……」
　　「東南西北」等不定詞表示人物、數量及方向或方位。
　　　　今按，說是。這種以「某」或「甲」等來指代具體地名和人名等的簡文應
　　當是所謂的文書格式簡，即製作文書簿籍時參照的範本。

肩水金關 T23

☐☐☐☐傳兩馬再封之、一馬一封〔1〕。諸乘輜傳者，乘一封及以律令乘傳
起☐☐　　　　　　　　　　　　　　　　　　　　73EJT23：623

【校釋】

　　簡首「傳」字前一字圖版作　　形，左部殘缺，從剩餘筆畫來看，當為「輜」
字。該簡「輜」字作　　形，可以參看。曾磊（2020，264頁）亦釋。

【集注】

〔1〕兩馬再封之，一馬一封：相關內容見於史籍。《漢書·平帝紀》：「徵天下通知逸
　　經、古記、天文、曆算、鍾律、小學、《史篇》、方術、《本草》及《五經》、《論
　　語》、《孝經》、《爾雅》教授者，在所為駕一封輜傳，遣詣京師。」顏師古注引
　　如淳曰：「律，諸當乘傳及發駕置傳者，皆持尺五寸木傳信，封以御史大夫印章。
　　其乘傳參封之。參，三也。有期會累封兩端，端各兩封，凡四封也。乘置馳傳
　　五封之，兩端各二，中央一也。輜傳兩馬再封之，一馬一封也。」可知簡文所
　　記為有關乘坐傳車的律文，輜傳兩馬再封，一馬一封是說乘坐兩匹馬拉的輜車
　　需要持有加封兩個印章的傳，只封一個印章的傳則只可乘坐一匹馬拉的輜車。

讕不予〔1〕、或逃匿不可見，乃自言丞☐御史，御史為趣郡收責，不能備得，
所責主名縣或報毋令　　　　　　　　　　　73EJT23：677+658

【校釋】

　　姚磊（2016H4）綴。

【集注】

〔1〕讕不予：「讕」為抵賴。《說文·言部》：「讕，抵讕也。」段玉裁《注》：「各本
　　作詆，誤。抵讕，猶今俗語抵賴也。」讕不予則是說抵賴不給。

見匈奴人塞外，盡日上二蓬
匈奴人入塞、及金關以北塞外亭隧見匈奴人，盡界十二
匈奴人守亭鄣不得下，燔積薪盡　　　　　　73EJT23：914A
　　　　　　　　☐☐☐☐
☐君☐候長　狗少一
　　　　　　卒☐☐食　　　　　　　　　　73EJT23：914B

【校釋】

A 面第二行「亭隧」原作「丁□」，姚磊（2017J4）釋。

肩水金關 T24

☑□舉二蓬，晝舉二煙、夜舉二苣火   73EJT24：743

☑帴〔1〕矢六為程，過六矢，賜勞矢十五日   73EJT24：771+913

【校釋】

姚磊（2016H7）綴。

【集注】

〔1〕帴：陳槃（2009，211～212 頁）：案「帴」字不見於字書。審簡文，其義蓋同
於「壿」。《說文‧土部》：「壿，躲臬也，從土，臺聲，讀若準」；又《木部》：
「臬，躲準的也」。或作「墫」。《呂氏春秋‧本生篇》：「萬人操弓，共射一招。」
高《注》：「招，墫的也。」或作「臺」。《周禮‧天官‧司裘》：「皆設其鵠。」
鄭《注》：「侯者，其所射也。以虎熊豹麋之皮飾其側，又方制之以為臺（釋文：
或作準），謂之鵠，著於侯中，所謂皮侯」，是也。簡文本亦有「墫」字，但不
如「帴」字習見。又云「射去墫帴，弩力如（同而）發」。「墫帴」並稱，蓋古
人自有複語耳。

  馬曼麗（1992，74 頁）：帴是靶子，一般用醒目彩色織物縫成，排於木板
上，即墫帴。

  中國簡牘集成編輯委員會（2001G，139 頁）：即墫，箭靶的中心。

  今按，諸說是。相關完整簡文見於居延漢簡45‧23：「‧功令第卅五：候
長、士吏皆試射，射去墫帴，弩力如發弩，發十二矢，中帴矢六為程，過六矢，
賜勞十五日。」「帴」義同「墫」，為箭靶。

燔薪、舉地一蓬，即虜攻鄣亭隧留不□，以攻亭鄣品約和之☑
        73EJT24:955+911

【校釋】

姚磊（2016I3）綴。

肩水金關 T26

爵左庶長〔1〕、中都官〔2〕及宦者吏千石以下至六百石、爵五大夫〔3〕孝者爵
人二級，吏民爵人一級，四年以前吏□☑ 73EJT26：32

【集注】

〔1〕左庶長：秦漢二十等爵制的第十級。《漢書・百官公卿表上》：「爵：一級曰公
士……十左庶長。」顏師古注：「庶長，言為眾列之長也。」

〔2〕中都官：漢代京師諸官府的統稱。《漢書・昭帝紀》：「諸給中都官者，且減之。」
顏師古注：「中都官，京師諸官府。」

〔3〕五大夫：秦漢二十等爵制的第九級。《漢書・百官公卿表上》：「爵：一級曰公
士……九五大夫。」顏師古注：「大夫之尊也。」

肩水金關 T29

見虜塞外，舉亭上一蓬，夜一苣火，虜去輒下□☑
虜入□□金關以北塞外亭隧見虜，燔一積薪□☑ 73EJT29：89

【校釋】

　　第一行「夜」原作「火」，該字作██形，當為「夜」字。又第二行「金關」前
面未釋字圖版分別作██、██形，當是「塞及」二字。

肩水金關 T30

津關令　　☑ 73EJT30：51

肩水金關 T31

中御府板詔令〔1〕第冊四　　☑ 73EJT31：142

【集注】

〔1〕中御府板詔令：陳夢家（1980，278 頁）：漢代律、令、詔三者有分別、有混同
之處。律最初指九章律及其他專行之律。《刑法志》曰：「於是相國蕭何，捃摭
秦法，取其宜於時者，作律九章」。而《高帝紀》及《司馬遷傳》作「蕭何次
律令」，《晉書・刑法志》則曰：「漢承秦制，蕭何定律。」律雖代有增益，但在
基本上是不變的法則。詔書是天子的命令，以特定的官文書形式發佈，皆針對

當時之事與人，是臨時的施政方針。但詔書所頒布新制或新例，或補充舊律的，可以成為「令」，即具有法律條文的約束力。

今按，說是。中御府為皇后收藏錢財之官。《漢書・王莽傳下》：「長樂御府、中御府及都內、平準帑藏錢帛珠玉財物甚眾。」顏師古注：「御府有令丞，少府之屬官也，掌珍物。中御府者，皇后之府藏也。」

・功令〔1〕：諸自占功勞，皆訖其歲〔2〕，與計俱〔3〕。新視事〔4〕若有相前後其等，不上功，來歲并數上。　　　　　　　　　　　　　　73EJT31：163

【校釋】

第一行「占」原作「言」，「訖」原作「證」，張俊民（2014A）釋。又「新視事若有相前」張俊民（2014A）釋作「初視事若有物故」。徐世虹（2019，230頁）從張釋。今按，「新」字作 形，其右半顯非「刀」，恐非「初」字，整理者釋讀或不誤。「相」字作 形，釋「物」可從。「前」字作 形，當非「故」字。「物故」於文義亦不可解。

【集注】

〔1〕功令：陳槃（2009，4頁）：然則「功令」者，一切考績署功勞之令之通稱。

高恆（1988，67頁）：《功令》為多次頒發的有關選拔、考課官吏的詔令集，內容很多，絕非《索隱》所言「學令」一種，也不是僅由太常制定。

李均明（2009，209頁）：「功令」是關於考核嘉獎的法令。

鄔勖（2015，55～56頁）：「功令」篇名見於《史記》《漢書》，其條文在西北漢簡和張家山M366漢簡中都有發現。在西北漢簡所存律令中，《功令》是最為常見的一種，李均明先生曾在居延漢簡中輯得19條，全部都是規定吏卒秋試射賜奪勞制度的「功令第卅五」……本簡文雖然不載條序，但根據其內容與秋試射無關，基本可以確定是與「功令第卅五」不同的另一條文。根據這條《功令》的規定，凡為自己申報功數、勞數的，都要自證所言，並在當年與上計文書一同上報。

徐世虹（2019，237頁）：《功令》顧名思義，即是有關官吏功績的國家法令。

今按，諸說多是。「功令」見於史籍，《史記・儒林列傳》：「太史公曰：余讀功令，至於廣勵學官之路，未嘗不廢書而歎也。」司馬貞《索隱》：「案：謂學者課功著之於令，即今學令是也。」又《漢書・儒林傳》：「請著功令。」顏

師古注：「新立此條，請以著於功令。功令，篇名，若今選舉令。」結合漢簡來看，功令為有關功勞考課獎懲及申報等的法令。

〔2〕訖其歲：張俊民（2014A）：「訖其歲」是指自占功勞計算的截止時間，一般以年度為計算單位。年終自占，「與計俱」。

　　今按，其說是。「訖」為終止，《漢書·谷永傳》：「災異訖息。」顏師古注：「訖，止也。」訖其歲是說到年終為止。

〔3〕與計俱：張俊民（2014A）：「與計俱」，其他漢簡均作「與計偕」。《漢書·武帝紀》顏注「偕者，俱也」。可見「俱」「偕」其義是一樣的。「訖其歲，與計俱」，言功令的計算時間以年度為截止日期，與上計制度所用時間在統計上計資料之時一起上報。

　　今按，說是。與計俱即與上計材料一起。

〔4〕新視事：張俊民（2014A）：「初視事」之「初」重在說明時間，「視事」即現在的到崗任職，「初」旨在說任職時間之短，剛剛任職之始。

　　今按，說是。視事為任職理事，新視事即剛開始工作。

肩水金關 T37

☐　·一以給隧長某卒某月奉　　·一人一札☐☐　　　　73EJT37：485A+544B
☐言之急☐知……書治所往來行書☐☐　　　　73EJT37：485B+544A

【校釋】

　　姚磊（2017H9，271頁）綴。「月奉」原作「日鳳」，綴合後釋。

　　今按，該簡當為文書範本。

·畔謱若令辭者，罰金一斤　　　　　　　　　　73EJT37：1429A
十三　　　　　　　　　　　　　　　　　　　73EJT37：1429B

【校釋】

　　「畔」原作「辭」，黃艷萍（2016B，130頁）、（2018，137頁）釋。

肩水金關 F1

·居延部舉薪、燔積薪，廣地北界隧受和地薪、苣火，毋☐　　73EJF1：19

☑南界望澤〔1〕隧、萬世〔2〕隧舉亭上一表☐☑　　　　　　　73EJF1：49

【集注】

〔1〕望澤：隧名。

〔2〕萬世：隧名。

肩水金關 F3

☑蓬火品，田官民塢辟舉薰和，毋燔薪　　☑

☑鄣塢辟田官舉薰、燔三積薪和，皆各如其部薰火品　　☑

☑葆部界中〔1〕民田官畜牧者，見赤幡，各便走近所亭鄣塢辟葆☑

☑馬馳，以急疾為故〔2〕　　☑　　　　　　　　　　　73EJF3：81+80

【集注】

〔1〕葆部界中：林永強（2009，13 頁）：這裏的「葆部界」就是「葆（保）塞蠻夷」
　　　所轄之區域。既然是「葆（保）塞蠻夷」願意為漢朝守塞，那麼在外虜侵擾漢
　　　邊之時，「葆（保）塞蠻夷」自然又協助漢朝進行邊防警備職責。

　　　　　馬智全（2013，58 頁）：「葆」義同「保」，意為保護、保守之意，即保證
　　　「部界中田官畜牧者」的安全，其性質其實也是一種擔保。

　　　　　今按，「葆」通「保」，即保護。林永強說不妥。

〔2〕以急疾為故：冨谷至（2013，153 頁）：「解」是辯解的意思，「忽」意為疏忽
　　　大意，「以急疾為故」是「將快速傳達信息作為職責」的意思。它們有時類如
　　　「毋忽如律令」之類的表現形式，與其他的慣用語相結合。意為「務請照此執
　　　行」，並沒有附加其他特別的具體語義。「急疾」與「毋忽」的語義取向是一致
　　　的。「為故」是「作為任務」「作為要事」的意思。我們認為，「毋忽」「毋忽律
　　　令」「以急疾為故」等這些慣用語的意思早已偏離了原來的詞語意義。

　　　　　今按，其說或是。「以急疾為故」是說要求以急迫迅速為原則辦事。

肩水金關 72EJC　73EJC

☑姦隧以西，和以蓬苣火，毋燔丿　　　　　　　　　　　　72EJC：163

【校釋】

　　　姚磊（2019F1）遙綴簡 72EJC：358 和該簡。今按，兩簡不能直接拼合，暫不
綴合作一簡。

☑穧麥當得出已得人數，以二百六十乘之以卅為法．穀桼人，以卅乘之以二百六十為法，不☐法☐法☐分……

73EJC：319

居延布肯托尼 72EBS7C

其所共捕得，若斷斬有三百騎以上者，皆錫爵，其高功一人附城食邑戶

72EBS7C：4

第四章　錄案刺課類

肩水金關 T1

☑地節二年七月戊子〔1〕，嗇夫長生〔2〕封〔3〕　　　　　　73EJT1：124

【集注】

〔1〕地節二年七月戊子：地節為漢宣帝劉詢年號。據徐錫祺（1997，1548頁），地
　　　節二年七月戊子即公曆公元前68年9月6日。

〔2〕長生：人名，為嗇夫。

〔3〕封：永田英正（2007，142頁）：所謂「封」，是指將文書封印後發送出去。
　　　　　　今按，其說是。封即封緘，該簡為奏封記錄。

肩水金關 T2

☑其四封張掖長史，三詣居延都尉、一詣居延　　一封酒泉大守章，詣居延都
　　　　　　　　　　　　　　　　　　　　　　　　　　尉

☑□封張掖大守章，詣居延都尉　　　　　　　　一封張掖都尉章，詣橐他

☑二封觻得令印，一詣肩水候官，一詣居延　　一封昭武置丞，詣居延（上）
　　　　　　十月丙寅失中〔1〕時，縣受沙頭〔2〕卒☑
　　　　　　付莫當〔3〕□□　　☑

一檄會水北界郵印，詣居延都尉（下）　　　　　　73EJT2：23

【集注】

〔1〕失中：張德芳（2004，195頁）：「日失」可以看作是「日昳」的通假，「失」「昳」

同聲系，屬於書母質部。但是，正如上面所說，把「日失中」看作是「日未中」的對稱，亦未嘗不可，而且後者似乎更準確。文獻中除「日昳」的記載外，還有「日昃」「日跌」「日仄」「日側」等，都指太陽偏西的一段時間。

今按，說是。失中當即日失中時，為日中之後的時段名稱。又稱日西中、日過中、日昳等。

〔2〕沙頭：亭名。

〔3〕莫當：隧名。

肩水金關 T6

北書〔1〕三封，張掖大守章　　☑　　　　　　　　　　73EJT6：25

【集注】

〔1〕北書：永田英正（1987A，254頁）：從南邊的張掖太守府、肩水都尉府到北邊的居延都尉府的文書，稱為「北書」。

李均明（1989，118頁）：傳遞方向稱「南書」「北書」或「西書」「東書」，指向南、向北或向西、向東傳遞，它和郵路的方向一致。如居延郵路大多是沿著大致南北向的額濟納河，故過往郵書稱「南書」「北書」；而酒泉、敦煌一帶，郵路多沿東西向的疏勒河，故過往郵書稱「西書」「東書」。

中國簡牘集成編輯委員會（2001G，65頁）：北書，即送達方向和地點在北方的書信。

今按，諸說是。北書即向北傳遞的郵書。

肩水金關 T7

河平三年八月乙卯〔1〕下　　☑　　　　　　　　　　73EJT7：27A

南書〔2〕四封。其三封橐佗候印，詣肩水都尉府；一封詣……☑

一封廣地候印，詣肩水都尉府；一詣梁卿　　☑

九月庚子……付沙頭〔3〕　　☑　　　　　　　　　73EJT7：27B

【集注】

〔1〕河平三年八月乙卯：河平，漢成帝劉驁年號。據徐錫祺（1997，1632頁），河平三年八月丁亥朔，二十九日乙卯，為公元前 26 年 10 月 23 日。又該簡 A 面內容當屬詔書，和 B 面郵書刺無關。

〔2〕南書：永田英正（1987A，254 頁）：所謂「南書」，可以說是在居延地區中，沿著額濟納河，從北邊的居延都尉府到南邊的肩水都尉府或張掖太守府的文書。

中國簡牘集成編輯委員會（2001H，65 頁）：南書，即南行之書，送往南方的郵書。

今按，諸說是。南書即向南傳遞的郵書。

〔3〕沙頭：亭名。

南書三封，居延都尉章　一封詣☑

　　　　　　　　　　　一封詣☐☑　　　　　　　　　　73EJT7：32

☑三月乙亥，亡人赤表☑　　　　　　　　　　　　　　73EJT7：124

☑北書六封、檄三，皆張掖都尉章……☑　　　　　　73EJT7：154

　　　　　一詣張掖大☑

☐☐☐☐☐

　　　　……　　☑　　　　　　　　　　　　　　　　73EJT7：177

☑日中受沙☑　　　　　　　　　　　　　　　　　　　73EJT7：198

☑☐☐都尉府，一詣居延☑　　　　　　　　　　　　　73EJT7：201

【校釋】

簡首未釋字何茂活（2014C）、（2016A）補釋「居延」。今按，補釋或可從，但該簡殘斷，右半缺失，未釋字僅存少許筆畫，不能確知，當從整理者釋。

☑　☐其二☑

☑　二封☑　　　　　　　　　　　　　　　　　　　　73EJT7：205

【校釋】

姚磊（2017G8）綴合該簡和簡 73EJT28：78。今按，兩簡字體不同，茬口不合，屬於不同探方出土，當不能拼合。

☑　蚤食四分，表一通

　　　　　　……　　☑

☑　東中〔1〕三分，☐一、表二通　　　　　　　　　73EJT7：210

【集注】

〔1〕東中：陳夢家（1980，249 頁）：中午一段時間三分為東中、日中與日西中，和半夜一段時間三分為夜少半、夜半和夜大半，其例相同。據居延漢簡（506·6），日東中在日食時後。

李均明（1984，25 頁）：禺中，亦叫偶中、東中。陳先生云「中午一段時間三分為東中、日中、日西中」，其說甚是。禺中（東中）是相對於日中而言，取其將達日中、太陽位置尚偏東之義；日西中則反之。

今按，諸說是。東中是日中之前的一個時稱，又稱作日未中，禺中。

肩水金關 T9

□□日□□　　毋表　　甲申　　東中八分半，小表一通　　▨　　　　　73EJT9：110

▨食，表一通　　日未中〔1〕，表一通　　　　　　　　日蚤食時，表一通　　▨
▨□時，表一通　日餔時，表一通　　　　　　　　　　日食時，表一通　　　▨
▨□中，表一通　日下餔時，表一通　六月己亥十通　日未中時，表一通　　▨
▨□，表一通　　日夕，表一通　　　　　　　　　　　日中，表一通　　　　▨

73EJT9：267A

▨……　　　……　　　　　　　　　　　　　　　　日食時，表一通▨
▨……　　　日下餔時，表一通　六月己亥十通　日未中，表一通▨
▨□二通　　日夕時〔2〕，表一通　　　　　　　　　日中，表一通　▨

73EJT9：267B

【校釋】

B 面最後一行「日中表一通」的「一」原作「二」，邢義田（2012，181 頁）、黃艷萍（2016B，130 頁）釋。

【集注】

〔1〕日未中：張德芳（2004，194 頁）：懸泉漢簡中，「日未中」和「日失中」相對應，分別指「日中」前後的兩個時段，相當於文獻中的「隅中」「禺中」和「日昳」「日昃」等。居延和金關漢簡中分別稱「日東中」和「日西中」。

今按，說是。日未中為日中之前的一個時段名稱，又稱作日東中、禺中等。

〔2〕日夕時：張德芳（2004，198頁）：文獻上的「夕時」也大都與「朝」相對，指
　　一個較大的時間範圍，懸泉漢簡中的「夕時」則限定在「下餔」與「日未入」
　　之間，在一個比較小的時間點上。另外，為了把時間縮小到一個更小、更精確
　　的範圍內，懸泉漢簡記時，除了「夕時」外，還有「下夕時」，即「夕時」之後。
　　　　今按，說當是。

☑界課　　　　　　　　　　　　　　　　　　　73EJT9：301

肩水金關 T10

左後部初元四年四月己卯盡癸未，堠　上表出入界課　　73EJT10：127
☑書一封，騎置馳行☑　　　　　　　　　　　　　73EJT10：319
☑　□章，詣大守府☑　　　　　　　　　　　　73EJT10：485

肩水金關 T15

☑□六月辛酉起　　☑
☑詣廣地，各一　　☑　　　　　　　　　　　　73EJT15：14

三月十六日　　☑
北合檄〔1〕一封　　☑　　　　　　　　　　　　73EJT15：27A
……　　☑　　　　　　　　　　　　　　　　　73EJT15：27B

【集注】

〔1〕合檄：于豪亮（1981B，50頁）：合檄必然是把文件寫在大小相等的兩片木板
　　上，然後把有字的一面相向重合起來，再纏上繩子，印上封泥。上面的一片木
　　板必然要寫上收件人的地址和姓名，這樣，上面一片同時也起著封檢的作用。
　　因為如此，合檄只能由收件人拆封，不能供人傳閱，與內容公開的板檄性質不
　　同了。
　　　　M・魯惟一（1983，255頁）：可以猜想，合檄，即「配合在一起的文書」，
　　它包括兩片木簡，每一片都寫上了字，它們的形制是能用楔形榫或其他類似設
　　計結合在一起，以使它們在傳遞過程中不至散落。
　　　　今按，諸說是。

肩水金關 T21

皇帝璽書一封，賜使伏虜居延騎千人光〔1〕。

制曰：騎置馳行，傳詣張掖居延使伏虜騎千人光所在，毋留，留，二千石坐之。

·從安定道　元康元年四月丙午〔2〕日入時，界亭驛小史安〔3〕以來，望□行

73EJT21：1

【校釋】

第三行未釋字何茂活（2018A，116頁）釋作「之」。今按，其說可從，但該字作㇏形，左邊缺佚，不能確知，暫從整理者釋。

【集注】

〔1〕光：人名，為居延騎千人。

〔2〕元康元年四月丙午：元康，漢宣帝劉詢年號。據徐錫祺（1997，1553頁），元
　　康元年四月乙巳朔，二日丙午，為公曆公元前65年5月11日。

〔3〕安：人名，為驛小史。

丁卯南書八封（上）

張掖候印，詣肩水都尉府

十二月戊子……肩水塞尉；其一封詣都尉府，莫當〔1〕卒柱〔2〕以來

十二月

正月壬辰南書六封，其四檄二書，莫當以來（下）　　　　73EJT21：29

【集注】

〔1〕莫當：隧名。

〔2〕柱：人名，為戍卒。

☑日昏時，付沙頭〔1〕亭卒合〔2〕　　　　　　　　　　73EJT21：83

【集注】

〔1〕沙頭：亭名。

〔2〕合：人名，為戍卒。

　　　　……一封張掖大守　□府　　☑
☑□封　其三付張掖司馬章，一詣居延……☑
　　　　其一付平襄〔1〕令印，詣居延　　☑
　　　　……　　☑　　　　　　　　　　　　　　　73EJT21：180

【集注】

〔1〕平襄：天水郡屬縣，為郡治。《漢書・地理志下》：「平襄，莽曰平相。」

南書一封，居延都尉章，詣張掖大守府，十月戊子起　十月庚戌夜人定〔1〕五
分，騂北受莫當〔2〕　　　　　　　　　　　　　　　　　73EJT21：201

【集注】

〔1〕夜人定：陳夢家（1980，250頁）：《淮南子》定昏在黃昏後，定昏應是人定時
　　或夜人定時。

　　　　今按，說是。人定為夜半前的時稱，又稱定昏。

〔2〕莫當：隧名。

☑□檄一封，四月□☑　　　　　　　　　　　　　　　73EJT21：274

☑　十二月庚寅，佐充〔1〕封　　☑　　　　　　　　　73EJT21：277

【集注】

〔1〕充：人名，為佐。

☑□餔時，騂北卒□☑
☑□□日入時，付沙頭〔1〕☑
☑……☑　　　　　　　　　　　　　　　　　　　　　73EJT21：363A
☑□受……☑
☑……☑　　　　　　　　　　　　　　　　　　　　　73EJT21：363B

【集注】

〔1〕沙頭：亭名。

☑□書一封　　　　　　　　　　　　　　　　　　　　73EJT21：364A
☑……　　　　　　　　　　　　　　　　　　　　　　73EJT21：364B

書一封，居延都☒（削衣）   73EJT21：368

☒日日入〔1〕五分   73EJT21：393

【集注】

〔1〕日入：陳夢家（1980，250 頁）：據居延漢簡（495・19，505・6），日入時在昏
　　時之前。《文選・新漏刻銘》注引《五經要義》曰「日入後漏三刻為昏，日出
　　前漏三刻為明」，《堯典》孔疏云「日出前二刻半為明，日入後二刻半為昏」。
　　此是說一般太陽出入前後為明、昏的界限，與此時稱無涉。

　　　　張德芳（2004，200 頁）：「日入」同「日出」一樣，是一個很重要的坐標，
　　也是十二時制稱謂之一。

　　　　冨谷至（2018，91 頁）：日入時為十六時半左右。如文字所示，日入指日
　　落，但日落為十六時半左右時在冬至時期。

　　　　今按，諸說是。

☒上書一封／騎置馳行上／行／   73EJT21：409

☒一封，十二月庚戌日甲☒☒   73EJT21：415A

☒□丙□□□☒   73EJT21：415B

☒餔時〔1〕付   73EJT21：498A

☒□□□□   73EJT21：498B

【集注】

〔1〕餔時：張德芳（2004，196～197 頁）：「餔時」是十二時制的稱謂之一，秦漢
　　時期很通用……懸泉漢簡，除了「餔時」外，還有「餔食」，當是相同的意
　　思……懸泉漢簡中，有一處「日莫餔時」的記載，只是一種特例，可能只是
　　指餔時到黃昏的一段大概的時間，並不確指一個準確的時間點。

　　　　今按，說是。

肩水金關 T22

・駟北亭永光四年十月過書☒   73EJT22：8

☒書出入界日時刺〔1〕   73EJT22：39

【集注】

〔1〕刺：羅振玉、王國維（1993，117頁）：刺者，公牘之一種。《漢書·外戚傳》成帝荅許皇后書曰：「皇后有所疑，便不便，其條刺，使大長秋來白之。」師古曰：「條，謂分條之。刺，謂書之於刺板也。」《釋名》書書稱刺，以筆刺紙簡之上也。是刺本謂書寫，後遂以所書寫之物為刺。《宋書·禮志二》，「宋文帝元嘉二十三年七月，白衣領御史中丞何承天奏尚書刺」云云。又，「孝武帝孝建元年六月湘東國刺」云云。是刺者，實公文之名。《文心雕龍·書記篇》：「百官詢事，則有關、刺、解、諜。」《唐六典》：「尚書省左右司郎中職諸司，自相質問，其義有三，曰關、刺、移。」皆漢魏六朝制。

中國簡牘集成編輯委員會（2001G，236頁）：為公文之一種。刺，意同本字，即刺取其要，用法如名刺、刺史等。刺書簡明扼要，如今之「摘要」「紀要」。簡牘中有郵書刺，過書刺，是過往郵書的摘要記錄。

今按，諸說是。漢簡常見郵書刺、表火刺，為對郵書和表火傳遞過程的實錄。

☑駹北驛騎俜〔1〕受稽落〔2〕驛騎則☑☑　　　　　73EJT22：110

【集注】

〔1〕俜：人名，為駹北驛騎。

〔2〕稽落：亭隧名。

官記一☑　　　　　　　　　　　　　　　　　　　73EJT22：121

肩水金關 T23

關嗇夫吏　　　　　　　　　　　　　　　　　　73EJT23：5A+37
南書二封　　　　　　　　　　　　　　　　　　73EJT23：5B

【校釋】

姚磊（2016H1）綴。

廿九日　　　　一封詣居延都尉，一封
北書十六封　　☑二封……
　　　　　　　　☑封肩水城尉……　　　　　　73EJT23：8+164A

張掖肩候　　　　　　　　　　　　　　　　　　　　　　　73EJT23：164B

【校釋】

　　姚磊（2016H1）綴。

☑封一遝居延都尉章，詣張掖大守府遝河東大守府△☑
☑遝二居延令印，詣府觻得，遝二河東解、皮氏，四月壬戌☑
☑□廣地候印……　☑　　　　　　　　　　　　　　　　73EJT23：11

【校釋】

　　第一行「張掖大守府」的「府」原釋文漏釋，胡永鵬（2013）、（2014A，235 頁）補。

☑出亡赤三，壹通南　　　　　　　　　　　　　　　　　73EJT23：27

☑□詣肩水府　八月丙午，卒護〔1〕受莫當〔2〕卒光〔3〕，食日八分時受卒
☑　　　　　　　……卒音〔4〕　　　　　　　　　　　73EJT23：642+35

【校釋】

　　伊強（2016E，116 頁）綴。

【集注】

〔1〕護：人名，為戍卒。
〔2〕莫當：隧名。
〔3〕光：人名，為戍卒。
〔4〕音：人名，為戍卒。

☑南合檄一☑　　　　　　　　　　　　　　　　　　　　73EJT23：46

☑尉，四月丙辰起；二封金☑
☑詣肩水□一封昭武長印☑
☑頭卒，人定三分武〔1〕付莫當〔2〕　☑　　　　　　　73EJT23：118

【校釋】

　　第二行未釋字周艷濤（2013），周艷濤、李黎（2014）補釋「官」。今按，補釋或可從，但簡文漫漶不清，不能辨識，當從整理者釋。

【集注】

〔1〕武：人名。

〔2〕莫當：隧名。

廿四日

北書十一封（上）

一封鱳得長印行大守事，詣居延都尉，五月壬子起；一封昆蹏〔1〕令印，詣肩水，五月辛亥起；一封氐池長印，詣廣地……☑

私印，詣橐佗官；一封昭武長印，詣橐他官；一封屋蘭長印，詣肩水官；五封鱳得丞印，三封……☑

居延五月丙寅日□□……☑（下）　　　　　　　　　73EJT23：131+862

【校釋】

　　　伊強（2016E，118～119頁）綴，下欄第三行「昭武」的「昭」字原未釋，綴合後釋。

【校釋】

〔1〕昆蹏：即昆蹏，馬廄名，有令丞，為太僕屬官。《漢書・百官公卿表上》：「又
　　牧橐、昆蹏令丞皆屬焉。」顏師古注引應劭曰：「橐，橐佗。昆蹏，好馬名也。
　　蹏音蹄。」注引如淳曰：「《爾雅》曰『昆蹏研，善升甗』者也，因以為廄名。」
　　顏師古注曰：「牧橐，言牧養橐佗也。昆，獸名也。蹏研者，謂其蹏下平也。
　　善升甗者，謂山形如甑，而能升之也。蹏即古蹄字耳。」

　　　　　　　　其一封橐佗候印，詣肩水都☑

南書二封、檄一

　　　　　　　　一檄□禹印，詣肩水都尉府□☑　　　　　73EJT23：157A

　　　　　　　其二封，居延都尉印……☑

南書六封　一封……　　☑

　　　　　　　八月庚子日出時〔1〕，□□受莫當〔2〕　☑　　73EJT23：157B

【集注】

〔1〕日出時：陳夢家（1980，249頁）：據漢簡（羅布20），日出時在旦後……所謂
　　日出時應指日已出地平線上。敦煌簡之「日出二干時」，干當為竿，此與日出

五分、七分，或有分別。《南齊書・天文志》曰「日出高三竿」，今人則以「日上三竿」為晏起之稱。日出、日入、日中，先秦已有。

張德芳（2004，192 頁）：日出，是人類最早觀察到的現象和最早形成的時間概念。所謂「日出而作，日入而息，鑿井而飲，耕田而食」，就是人們最早把晝夜的運行用「日出」「日入」分解開來。因此，「日出」作為一個時間概念，不僅出現的時間久遠，而且各地運用得也極為普遍。

冨谷至（2018，89 頁）：日出時為上午七點左右。

今按，諸說是。《史記・魏豹彭越列傳》：「與期旦日日出會，後期者斬。」司馬貞《索隱》：「旦日謂明日之朝日出時也。」

〔2〕莫當：隧名。

北書一封，張掖大守章　廿日　詣居延都尉，八月乙未起　☑

　　　　　　　　　　　　　　　　　　　　73EJT23：634+173A

……☑　　　　　　　　　　　　　　　　73EJT23：173B

【校釋】

伊強（2016E，120 頁）綴。

☑一通，如時付禁姦〔1〕、萬福〔2〕☑　　　73EJT23：202

【集注】

〔1〕禁姦：隧名。

〔2〕萬福：隧名。

　　　　　　皆張掖□☑
☑北書三封、檄三

　　　　　　一檄一封□☑　　　　　　　　73EJT23：213

・表火□中　　☑　　　　　　　　　　　　73EJT23：233

　　　　日蚕食，表一通　　☑
四月乙卯

　　　　日下餔時，表一通；日入☑　　　　73EJT23：243

☑□莫當〔1〕隊卒租〔2〕傳言〔3〕迺　丁亥表二通　刂　73EJT23：258

【校釋】

「租」原作「䅅」，姚磊（2015）釋。

【集注】

〔1〕莫當：隧名。

〔2〕租：人名，為戍卒。

〔3〕傳言：中國簡牘集成編輯委員會（2001F，35 頁）：傳言，烽火因故不能接續
　　傳遞時，必須以人馬走馳相告，令其向下傳遞。

　　　　今按，說當是。

十月廿……十月壬戌起

南書七封　　……居延丞印……十月己未起延

　　　　　　□封……（上）

十月己巳平旦，騂北卒□□莫當〔1〕卒同〔2〕

檄一，橐他候印，肩水府（下）　　　　　　　　73EJT23：292

【集注】

〔1〕莫當：隧名。

〔2〕同：人名，為戍卒。

　　　　　　其一封詔書，詣居延……

北書三封　一封詣肩水……　　今月壬申，騂北卒豐□□受□□卒同〔1〕

　　　　　　一封張掖……閏月壬申起　　　　　73EJT23：300

【集注】

〔1〕同：人名，為戍卒。

檄一　張掖肩水司馬　四月辛亥，功曹史房〔1〕白發　　73EJT23：311

【校釋】

　　「房」黃艷萍（2016B，135 頁）認為當作「防」，或為「房」訛字。今按，其
說是，該字作 形，當為「房」字書誤。

【集注】

〔1〕房：人名，為功曹史。

☑□里公乘虞廣〔1〕，年廿二、肩☑　　　　　　　　　　　　　73EJT23：354A

　　日食時，表一通☑

☑凡四通　日東中時，表一通☑

　　日西中時〔2〕，表一通☑　　　　　　　　　　　　　73EJT23：354B

【校釋】

　　姚磊（2017B6）綴合該簡和簡 73EJT23：478。今按，兩簡茬口處均較平整，該簡 A 面「肩」字下部筆畫略有殘缺，拼合後不能復原「肩」字，或不能綴合。

【集注】

〔1〕虞廣：人名。

〔2〕日西中時：陳夢家（1980，249～250 頁）：日昳即日㬥，是日正中後西側時……
　　漢簡所謂「日失中時」「日過中時」「日西中時」，即昳中、日㬥。亦即《天官
　　書》之日昳或昳，《淮南子》之小遷（還）。據居延漢簡（132·27），日失中時
　　在下餔前，而下餔在餔時後，則昳中、西中介於日中與餔時之間。

　　　　今按，說是。日西中為日中之後的時段名稱。又稱日失中、日過中、日昳等。

北書二封，皆張掖，一詣橐他、一詣☑　　　　　　　　　　　73EJT23：357

☑南書八輩　十六封☑　　　　　　　　　　　　　　　　　73EJT23：391

南書六封，居延都尉（上）

其三封六月戊子起府　　二封詣張掖大守府，一封詣京兆府，一封詣……☑

三封六月己丑起府　　　一封詣敦煌大守府，一封詣肩水府　☑（下）

　　　　　　　　　　　　　　　　　　　　　　　　　　73EJT23：413

☑日未中時，堠上表一通ㄋ☑

☑日失夕時〔1〕，堠上表一通ㄋ☑　　　　　　　　　　　73EJT23：447

【集注】

〔1〕日失夕時：據日失中為日中之後一個時段的名稱來看，日失夕當為日夕之後一
　　個時段的名稱。

　　莫當〔1〕隧卒同〔2〕。八分

☑□

　　嘉行　　　　　　　　　　　　　　　　　　　　　　　73EJT23：471

【校釋】

　　「八分」原未釋，且作一字，姚磊（2017D3）釋。又末行「嘉」字何茂活（2018A，118頁）釋作「壽」。今按，該字作 形，從字形來看，其和「壽」字寫法似有不同，整理者釋讀或不誤。

【集注】

〔1〕莫當：隧燧名。

〔2〕同：人名，為戍卒。

☑封張掖居城司馬，四封詣張掖大守府，一封詣肩水都尉府，一封詣□□□
□……從御史周卿治所，一封詣熒陽罷戍田謂□丞相史治所・七封居延令印，
二封詣觻得、一封詣酒泉㵸涫縣、一封詣館陶
☑一封詣肩水候官、一封詣日勒、一封詣魏郡館陶，閏月戊午，卒宗〔1〕受莫
當〔2〕，日蚤食行　　　　　　　　　　　　　　　　73EJT23：496+1059+506

【校釋】

　　簡 73EJT23：1059+506 伊強（2015A）綴，第三行「觻」原未釋，第三行「㵸」
原作「樂」，均綴合後補釋。伊強（2015E）又綴簡 73EJT23：496。「㵸」黃艷萍
（2016B，135頁）、（2018，138頁）亦釋。

【集注】

〔1〕宗：人名。

〔2〕莫當：隧名。

☑詣大司農，一封詣大常☑
☑廣地候印，一詣肩水　☑　　　　　　　　　　　　73EJT23：507
☑都尉章，詣橐他候　　☑
☑都尉章，詣廣地候☑　　　　　　　　　　　　　　73EJT23：519
☑北檄十一　　☑　　　　　　　　　　　　　　　　73EJT23：546
☑□詣廣地候官，一詣橐他☑　　　　　　　　　　　73EJT23：551
☑得　　☑
☑□日下餔時，付□☑　　　　　　　　　　　　　　73EJT23：559
☑……　☑

☑一封肩關小印，詣昭武☑　　　　　　　　　　　　73EJT23：586

北書二封　　☑　　　　　　　　　　　　　　　　73EJT23：597

☑　　☑大守府……詣鱳得，一封刑忠

☑府

☑昏四分，賀〔1〕受莫當〔2〕卒昌〔3〕　　夜食，賀付沙頭〔4〕卒放〔5〕

　　　　　　　　　　　　　　　　　　　　　　73EJT23：624

【集注】

〔1〕賀：人名。

〔2〕莫當：隧名。

〔3〕昌：人名，為戍卒。

〔4〕沙頭：亭名。

〔5〕放：人名，為戍卒。

☑□日下餔時　　☑　　　　　　　　　　　73EJT23：630

☑□雞唯時，平樂〔1〕隧長忘〔2〕付兼萬福〔3〕彊□☑　73EJT23：633

【集注】

〔1〕平樂：隧名。

〔2〕忘：人名，為平樂隧長。

〔3〕萬福：隧名。

☑賞　時三月丙戌夜過半時，受莫當〔1〕　73EJT23：656

【集注】

〔1〕莫當：隧名。

登〔1〕受夷胡〔2〕隧卒同〔3〕，昏時第六〔4〕隧卒同〔5〕付府門，界中〔6〕卅里

……　　　　　　　　　　　　　　　　　　73EJT23：666

【集注】

〔1〕登：人名。

〔2〕夷胡：隧名。

〔3〕同：人名，為夷胡隧戍卒。

〔4〕第六：隧名。

〔5〕同：人名，為第六隧戍卒。其和前面夷胡卒當為同名之人。

〔6〕界中：中國簡牘集成編輯委員會（2001F，86頁）：界中，郵書發出地到接受地之間的傳行距離。

　　　　今按，說是。界中即郵書傳遞的區域。

鄭將軍書二封，三月丙申甲夜中過，卒應〔1〕行　　▨　　　　73EJT23：740A

史□□一□□□□三十一封，甲申□夜過□□▨　　　　　73EJT23：740B

【集注】

〔1〕應：人名，為戍卒。

□十二月甲辰受□，壬戌到都尉府▨　　　　　　　　　73EJT23：741

北書三封……▨　　　　　　　　　　　　　　　　　73EJT23：753

出萬世〔1〕隧函〔2〕二　其一受入函（上）

四月乙卯日東中時，起萬世隧；其日下鋪五分時，第六隧卒同〔3〕付府門，界中

冊五里，函行四時五分，中程〔4〕（下）　　　　　　73EJT23：764

【集注】

〔1〕萬世：隧名。

〔2〕函：羅振玉、王國維（1993，187頁）：函，音與咸略同。《周禮·伊耆氏》「共其杖咸」，鄭注：「咸，讀為函。」函者，咸也；咸者，緘也。凡封緘者始謂之函。此函用以緘藥，亦猶書函之緘書矣。刻繩道為三者，古者封緘往往以三為法，如金之人三緘其口，棺束之緘亦縮二橫三是也。其容封泥之孔，《唐書·禮志》謂之印齒也。

　　　　裘錫圭（2008，18頁）：《周禮·伊耆氏》「共其杖咸」鄭注：「咸讀為函」，簡文藥咸當讀為藥函，即盛藥的木匣。在敦煌玉門候官所屬的顯明燧遺址裏曾發現一個木函蓋，上書「顯明燧藥函」五字，可證。

　　　　今按，諸說多是。敦煌漢簡1823作：「顯明隧藥函。」函當指有封緘的匣子。

〔3〕同：人名，為戍卒。

〔4〕中程：陳槃（2009，205頁）：然則「中程」者，合乎程品、法式之謂也。凡百措施，亦不各有程品、法式，不唯郵驛。

　　薛英群、何雙全、李永良（1988，78頁）：符合規定。烽火、表的傳遞，按路線的遠近均有時間要求，符合要求者稱「中程」，否則為「不中程」。

　　李均明（1989，120頁）：「中程」指符合規定程限。程，程限，指事先規定好了的標準。

　　張俊民（1997，40頁）：在規定時限內，將郵書送達，則稱為「中程」。

　　汪桂海（1999，186頁）：漢代，行書者按法定的時限和速度完成了文書傳遞，即為「中程」。

　　中國簡牘集成編輯委員會（2001E，26頁）：程，標準。中程，符合標準，指在規定時間內完成郵書傳遞任務。

　　今按，諸說是。中程即符合程式規定。《漢書・陳萬年傳》：「以律程作司空，為地曰木杵，舂不中程，或私解脫鉗鈦，衣服不如法，輒加罪笞。」

北檄四封，皆張掖都尉章（上）
其一封詣居延都尉府，一詣橐他候官，一封詣廣地候官，一封詣☑
正月辛酉日中時，驛北亭卒□□□□　☑（下）　　　　　　　73EJT23：770
☑□十月，南書五輩　　　　　　　　　　　　　　　　　　73EJT23：781

驛北亭元始元年八月盡晦　郵書真　　　　　　　　　　　　73EJT23：787

【校釋】

　　「真」字原作「算」，該字作![算]形。此種用法漢簡常見，且均釋作「算」字，鄔文玲（2017）認為其當釋作「真」，指出這類顯示「真」的文書或簿籍，即是「真書」，亦即文書的正本或底本。其說甚是，因此該簡「算」亦當釋作「真」。

南書一⋯⋯　　　　　　　　　　　　　　　　　　　　　　73EJT23：792A
府□⋯⋯　　　　　　　　　　　　　　　　　　　　　　　73EJT23：792B

買人李大仲〔1〕　錯　　　　　　　　　　　　　　　　　73EJT23：804A
　　　　三封張掖大守章，詣居延府；其二封詔書，六月□□辛丑起
月六日　　二枚角得塞尉，詣廣地□肩水

北書七封 一枚楊成掾印，詣肩水
　　　　　一封都尉，詣肩水（上）
七月辛亥東中時，永受沙頭〔2〕吏趙
卿，八分，付莫當〔3〕（下）　　　　　　　　　73EJT23：804B

【校釋】

　　B面上欄第二行「得」字原未釋，孔德眾、張俊民（2013，96頁）作「得」。
今按，該字圖版作🔲形，當為「得」，「角得」即「觻得」。又第三行「印」字原未釋，
該字作🔲形，可釋作「印」。

【集注】

〔1〕李大仲：人名。

〔2〕沙頭：亭名。

〔3〕莫當：隧名。

☑候印，詣肩水都尉府；一封張掖肩候印，詣城尉☑
☑橐他莫當〔1〕隧卒仁〔2〕，即行，日未入〔3〕一干時☑　　73EJT23：824

【集注】

〔1〕莫當：隧名。

〔2〕仁：人名，為戍卒。

〔3〕日未入：張德芳（2004，199頁）：「日未入」在日之將入而未入之前。「日入」
　　　是太陽落入地平線，在視野中完全消失為止。而「日未入」則是對太陽降落前
　　　一刻的觀察描述……除了「日未入」外，懸泉漢簡和居延漢簡記時，還有「日
　　　且入」一說……「且」，將要、將近之意。從字面上講，「日未入」和「日且入」，
　　　字義有很大的差別。但實際上兩者可能指同一段時間。正因為如此，「日且入」
　　　才未被列入三十二時稱木牘之上的「日未入」之後。

　　　　今按，說當是。日未入為日入之前一段時間的稱謂，其或同於日且入。

☑候史延年〔1〕　☑　　　　　　　　　　　　73EJT23：849A
☑□禹表火七通，定世得□☑　　　　　　　　73EJT23：849B

【集注】

〔1〕延年：人名，為候史。

11

南書一封，張掖封淺塞尉（上）
詣肩水都尉府，十一月□□日下餔時，騂北亭卒賀〔1〕受莫當〔2〕隧
卒賞〔3〕（下）　　　　　　　　　　　　　　　　　　　　73EJT23：873

【校釋】

　　上欄「封淺」原未釋，李穎梅（2018，113頁）補釋。

【集注】

〔1〕賀：人名，為戍卒。

〔2〕莫當：隧名。

〔3〕賞：人名，為戍卒。

府君書三封，十一月十二日起府，十三日十五日受沙頭〔1〕　　73EJT23：895

【集注】

〔1〕沙頭：亭名。

☑□居延令印，一封詣繁陽、一封詣內黃、一封詣媼圍〔1〕、一封張掖肩水
☑候印，一封詣昭武、一封詣肩水城尉官、二封張掖肩候、一封詣昭武獄、
一封詣
☑亭卒庇〔2〕受橐他莫當〔3〕隧卒租〔4〕，即行，日食時付沙頭〔5〕亭卒合〔6〕
　　　　　　　　　　　　　　　　　　　　　　　　　　　73EJT23：933

【校釋】

　　末行「庇」字原未釋，姚磊（2017D3）補釋。

【集注】

〔1〕媼圍：據《漢書·地理志》，媼圍為武威郡屬縣。

〔2〕庇：人名，為戍卒。

〔3〕莫當：隧名。

〔4〕租：人名，為戍卒。

〔5〕沙頭：亭名。

〔6〕合：人名，為戍卒。

☑居令延印，一封詣酒泉會水、一封詣張掖大守府、一封詣氐池，一封居延甲候詣姑臧；二封張掖廣地候印，一封詣

☑尉府，一封詣肩水城尉官，一封郭全〔1〕私印、詣肩水城官；檄一，居延令印，詣昭武

☑□□卒高宗〔2〕受橐他莫隧〔3〕卒趙人〔4〕，即行，日蚤食時付沙頭〔5〕亭卒充〔6〕

73EJT23：938

【校釋】

　　第三行「檄一」原作「檄二」，葛丹丹（2019，1667頁）釋。「城尉官」的「官」原作「府」，陳安然（2020，182頁）釋。

【集注】

〔1〕郭全：人名。

〔2〕高宗：人名，為戍卒。

〔3〕莫隧：「莫隧」黃艷萍（2016A，121頁）統計為隧名之一。今按，當為「莫當隧」漏寫了「當」字，故「莫隧」不應為隧名。

〔4〕趙人：人名，為戍卒。

〔5〕沙頭：亭名。

〔6〕充：人名，為戍卒。

八月丙子蚤食七分時，當塢上一通付并☑　　　　73EJT23：949

	平旦，表四	日食坐時〔1〕，表四	日……　☑
	日出時，表四	日東中時，表三	日餔時〔2〕，表三　☑
十一月丁巳	日蚤食時，表七	日中時，表四	日下餔時　☑
	日食時，表三　☑		73EJT23：972

【集注】

〔1〕日食坐時：于豪亮（1983，95頁）：坐讀為趠。《說文·走部》：「趠，走意。」段注：「《花間詞》曰『豆蔻花間趠晚日』，今京師人謂日昳為晌午趠」。食坐、餔坐正是此義，坐字這種用法居然持續了一兩千年。

　　張德芳（2004，194頁）：「食坐」一詞，同「食時」不是同義詞，它排在「食時」之後，同下文「餔時」「餔坐」一樣，代表的是前後有所區別的兩個

時段。如果不細加區別，「食坐」應該包括在「食時」這個大時段中。如果細加區別，或者有必要把時間記載得更為確切，那麼「食坐」當為食時之後略為休息和小坐片刻的時間。

今按，食坐為食時之後一個時段的稱謂，坐當指小坐休息。于豪亮說坐通趍恐不妥。

〔2〕日餔時：陳夢家（1980，250頁）：《公羊春秋經》定公十五年「戊午日下昃乃葬」注云「昃，日西也。……下昃蓋餔時」。《文選‧神女賦序》注云「晡，日昳時也」，應是日下昃時。據《昌邑王傳》，餔時在日中之後；《五行志》記征和四年八月日食，餔時在日下餔時前，則餔時與下餔應是二段，如蚤食與食時之例。《天官書》曰「昳至餔為黍，餔至下餔為菽」，亦分別三者前後甚明。《洪範五行傳》注云「隅中至日昳為日之中，下側（本或作晡時）至黃昏為日之夕」，可證下側在日昳之後，即餔時。餔時在日昳之後，故《春秋經》稱日下昃。

冨谷至（2018，90～91頁）：日餔時為十三時半左右，亦稱「餔時」……可以說日餔時為日失時的下一個時稱，是下午的飯食，接近晚餐。

今按，說當是。餔時為下餔之前一段時間的稱謂。

元始五年五月乙酉〔1〕日西中五分，禁姦〔2〕隧卒□□☑
□□□表二壹通南　半分，當利〔3〕隧卒兼〔4〕付安樂〔5〕隧卒馮〔6〕。界中卅五☑
　　程　　☑　　　　　　　　　　　　　　　　　　73EJT23：991

【集注】

〔1〕元始五年五月乙酉：元始，漢平帝劉衎年號。據徐錫祺（1997，1691頁），元始五年五月甲子朔，二十二日乙酉，為公曆公元5年6月17日。

〔2〕禁姦：隧名。

〔3〕當利：隧名。

〔4〕兼：人名，為戍卒。

〔5〕安樂：隧名。

〔6〕馮：人名，為戍卒。

☑　日中二分，一通　下餔，一通☑

☑　三分，一通　☑

☑　西中九分，一通　☑　　　　　　　　　　　　　　73EJT23：998

☑通……二通☑

☑一通，日未中，二通一通☑

☑一通‧凡三通　☑

☑……一通，日西□□二通☑　　　　　　　　　73EJT23：1011

☑……詣肩水都尉府，一封居令延印

☑檄一封居延倉長，詣張掖大守府

☑卒充〔1〕，即行，日蚤食時，付沙頭〔2〕亭卒合〔3〕　　73EJT23：1021

【集注】

〔1〕充：人名，為戍卒。

〔2〕沙頭：亭名。

〔3〕合：人名，為戍卒。

☑書七封、檄一　　　　　　　　　　　　　　　73EJT23：1030

☑塢下一苣火一通，南，通都尉府　☑　　　　　73EJT23：1036

日東中時，表六通　日下餔時，表二通

☑……受表十二通　　　　　　　　候卒初〔1〕△

日西中時，表四通　　　　73EJT23：1065+931

【校釋】

伊強（2016E，120頁）綴。

【集注】

〔1〕初：當為人名。

☑……☑

☑張掖大守章，卒禁〔1〕十□☑

☑　付莫當〔2〕卒弘〔3〕　　　　　　　　　　73EJT23：1055

【集注】

〔1〕禁：人名，為卒。

〔2〕莫當：隧名。

〔3〕弘：人名，為卒。

肩水金關 T24

其三封張掖都尉章，詣肩水橐他廣地候

書四封，合檄二、單檄〔1〕四　一封肩水都尉，詣廣地候官

合檄一張掖都尉章，詣居延都尉府（上）

・二月壬申平旦，受界亭卒

・合檄一居延左尉，詣居延廷　輔〔2〕蚤食沙頭〔3〕

檄四，張掖都尉章，詣肩水橐他廣地候督蓬史（下）　　73EJT24：26

【集注】

〔1〕單檄：和合檄相對，或指書寫於單個簡牘不加封緘的檄。

〔2〕輔：當為戍卒名。

〔3〕沙頭：亭名。

・驛北亭河平三年四月過書刺　己未朔　　73EJT24：34

入亡人赤表一，壹通南（上）

正月癸巳日下鋪八分時，萬福〔1〕隧卒同〔2〕受平樂〔3〕隧卒同〔4〕，即日日入
一分半分時，東望〔5〕隧卒□☑

完軍〔6〕隧長音〔7〕。界中卅五里，表行三分半分，中程　☑（下）

73EJT24：46

【集注】

〔1〕萬福：隧名。

〔2〕同：人名，為萬福隧卒。

〔3〕平樂：隧名。

〔4〕同：人名，為平樂隧卒。

〔5〕東望：隧名。

〔6〕完軍：隧名。

〔7〕音：人名，為完軍隧長。

☑日入，卒武〔1〕受沙頭〔2〕卒輔〔3〕，日☑

☑誼　☑　　73EJT24：108

【集注】

〔1〕武：人名，為戍卒。

〔2〕沙頭：亭名。

〔3〕輔：人名，為戍卒。

居延都尉章，詣大守府☑　　　　　　　　　　　　73EJT24：332A

……☑　　　　　　　　　　　　　　　　　　　　73EJT24：332B

☑□九月旦盡晦郵書刺〔1〕□☑　　　　　　　　　　73EJT24：342

【集注】

〔1〕郵書刺：李均明（2016，143～144頁）：郵書刺是關於傳遞郵書過程的實錄文
　　書……「郵書刺」亦稱「過書刺」，義同……刺是用於稟報的實錄文書，要求
　　所記皆為客觀事實。

　　　　中國簡牘集成編輯委員會（2001H，121頁）：又稱「過書刺」，是傳遞郵
　　書的記錄，通常分為多欄書寫，一般為三欄，少則二欄，多則五欄，首欄主要
　　記載郵件的傳遞方向及總量。中欄主要記載各類郵件及數量、封泥上的印章
　　（即發文者）、收件人，有的還記錄傳遞方式及郵件始發起程時間，末欄記載
　　郵件在某段郵路傳行的始迄時間及經手人。

　　　　今按，諸說是。郵書刺又稱過書刺，是記錄郵書傳遞過程的文書。

☑　七月丁未日食時，卒壽王〔1〕受莫當〔2〕卒☑　　73EJT24：409

【集注】

〔1〕壽王：人名，為戍卒。

〔2〕莫當：隧名。

☑詣居延都尉

☑□詔書四月戊戌丁未起，二四月己酉丁未起

☑封受候史楊卿，蒲繩〔1〕解兌（上）

五月己未日食時，受☑

同，四分時付莫當〔2〕卒同〔3〕□行（下）　　　　73EJT24：416A

☑□

☑屋蘭尉、一顯美尉，皆詣廣地，封皆破〔4〕

☐橐他　　　　　　　　　　　　　　　　　　　　　　73EJT24：416B

【集注】

〔1〕蒲繩：呂健（2018，182頁）：「蒲封」就是使用風乾的蒲草當作緘封時固定封泥的繩約。

　　　黃浩波（2019A，102頁）：「蒲繩」容有兩解，一是可以理解為「蒲」與「繩」，即文書的蒲封以及捆紮蒲封、封檢的繩索；二是可以理解為用蒲草做成的繩索……推測「蒲繩」有可能還是指文書的蒲封以及捆紮蒲封、封檢的繩索。

　　　今按，蒲繩似指用蒲草做成的繩索。

〔2〕莫當：隧名。

〔3〕同：人名，為戍卒。

〔4〕封皆破：趙平安（1998A，355頁）：其中提到封破、印破、章破，很明顯，印破和章破是指鈐在封泥上的印章壞裂，而封破應與之有所區別，程度應更深，可能指整個封檢壞裂。

　　　中國簡牘集成編輯委員會（2001F，130頁）：指封緘郵書封泥印章殘破。

　　　劉釗（2014，355～356頁）：既然「旁封」是補加封印，那麼「封破」實應指封泥塊而非檢的壞裂。至於「檢」，相對於封泥和書繩是相當不易壞裂的，今所見西北漢晉木質檢實物多胡楊木，封泥槽以外部分尚多厚至 0.5 釐米以上，比較堅固，與漢簡中屢見的「封破」記錄不甚相應。再者，在漢代人的語義概念中，「完」與「破」常作為一對相反相成的概念，「封破」與漢印常見印文「封完」正相對應，應屬同一範疇，「封完」既銘於印上，自然宜指封泥完好。是故「封破」「旁封」之封皆應指封泥。

　　　今按，諸說多是。封破義同於印破、章破，是說鈐有印章的封泥出現破損。趙平安認為封破指整個封檢壞裂恐不妥。

☐受沙頭〔1〕　　　　　　　　　　　　　　　　　　　　73EJT24：491

【集注】

〔1〕沙頭：亭名。

☐四月乙丑東中時，卒☐　　　　　　　　　　　　　　　73EJT24：584A
☐□付府☐

☑……☑　　　　　　　　　　　　　　　　　　73EJT24：584B

☑大守府一☑　　　　　　　　　　　　　　　　73EJT24：610

正月十二日　　　　　　　詣肩水都尉府，正月癸未起
南書一封，居延都尉（上）
正月己丑東中時，良〔1〕受莫當〔2〕卒
良八分時付沙頭〔3〕卒益有〔4〕，良行（下）　　73EJTT24：634A＋627A
又一封，橐他候印，詣府　　　　　　　　　73EJTT24：634B＋627B

　【校釋】
　　　伊強（2016E，121 頁）綴。

　【集注】
　　〔1〕良：人名，為戍卒。
　　〔2〕莫當：隧名。
　　〔3〕沙頭：亭名。
　　〔4〕益有：人名，為戍卒。

☑□二封□☑　　　　　　　　　　　　　　　73EJT24：645

肩水金關 T25

☑受倉南表六通，付右前乘胡隧候長☑　　　　73EJT25：23
☑一封□□都尉章，詣☑
☑二月甲寅日中時，卒□☑　　　　　　　　　73EJT25：68

☑□一分，中程　　　　　　　　　　　　　　73EJT25：82

南書二封　皆居延都尉章，酒泉東部□☑　　　73EJT25：96

☑□延都尉，二月乙丑起府　　☑
☑時，橐佗先登〔1〕卒孫彭〔2〕受，付莫當〔3〕　☑　73EJT25：105

　【集注】
　　〔1〕先登：亭隧名。
　　〔2〕孫彭：人名，為戍卒。
　　〔3〕莫當：隧名。

□□候長則〔1〕以府表舉書道官，六月七日戊子，騂北亭卒福〔2〕表七通，辛
卯……☑   73EJT25：156+174+122

【校釋】

姚磊（2016I3）綴，綴合後補釋「道」字。又簡首未釋字姚磊（2016I3）認為
是「東部」二字。今按，說或可從，該兩字圖版分別作 █、█ 形，不能確知，暫
從整理者釋。

又許名瑲（2016Q）認為該簡年屬為宣帝五鳳二年。今按，其說當是。

【集注】

〔1〕則：人名，為候長。

〔2〕福：人名，為戍卒。

　　　　　　其三封張掖都尉章，一詣肩水候、一詣橐佗候、一詣廣地候
北書三封、記一
　　　　　　一記來憲〔1〕印，詣嗇夫去疾〔2〕（上）
十月戊寅□☑（下）   73EJT30：46+73EJT25：175

【校釋】

姚磊（2017G6）綴，綴合處補釋「來」字。又上欄第三行「憲」字原作「憙」，
該字圖版作 █ 形，當為「憲」字。「憙」字金關漢簡常作 █（73EJT24：321）、█
（73EJT34：12）等形，而「憲」常作 █（73EJH2：41）、█（73EJF3：3）等形，
比較可知，該簡中原釋「憙」的字實為「憲」字，只不過上面一點寫成了一橫，以
致誤釋。「憲」在漢簡中是一個十分常見的人名，而其在該簡中也作人名用。需注意
的是，「憙」字漢簡中也常作人名用。但該簡當釋「憲」非常明顯。

【集注】

〔1〕來憲：人名。

〔2〕去疾：人名，為嗇夫。

☑……二時四分□☑   73EJT25：187A
☑　縣□　☑   73EJT25：187B

肩水金關 T26

南書二封（上）

皆張掖肩候印，一詣肩水都尉府

一詣武昭　四月戊戌夜食時，卒幼〔1〕受澤嬰〔2〕、付沙頭〔3〕卒輔〔4〕（下）

73EJT26：3

【集注】

〔1〕幼：人名，為戍卒。

〔2〕澤嬰：人名。

〔3〕沙頭：亭名。

〔4〕輔：人名，為戍卒。

南書二封　肩關，一詣肩水都尉府、一詣觻得　六月□□　　73EJT26：11

南書三封　　□　　　　　　　　　　　　　　　　　　　　　73EJT26：57

　　　　其一封候印，詣肩水府，二月辛亥起　□

南書二封

　　　　一封肩候印，詣肩水府，二月壬子起　□　　　　　73EJT26：58

□書三封　五月辛亥□　　　　　　　　　　　　　　　　　73EJT26：69A

廿七日　　□　　　　　　　　　　　　　　　　　　　　　73EJT26：69B

□□月北書　七輩　　　　　　　　　　　　　　　　　　　73EJT26：85

□　正月己丑下餔七分□□

□　日入時，付莫當〔1〕隧□□　　　　　　　　　　　　　73EJT26：96

【集注】

〔1〕莫當：隧名。

□　二月丁酉日出時，驛北亭卒順〔1〕受沙頭〔2〕卒勳〔3〕　　73EJT26：98

【集注】

〔1〕順：人名，為戍卒。

〔2〕沙頭：亭名。

〔3〕勳：人名，為戍卒。

北書一封　張掖大守章，詣居延都尉府　☑　　　　　　　　73EJT26：102

☑四月丙午西中七分，馹北亭☑☑
☑□卒應〔1〕，下餔時付莫當〔2〕　☑　　　　　　　　　73EJT26：103

【集注】

〔1〕應：人名，為戍卒。

〔2〕莫當：隧名。

☑檄一，張掖候印，詣將漕候長□☑　　　　　　　　　　73EJT26：109

☑□□塢上連表〔1〕一通☑　　　　　　　　　　　　73EJT26：161A
☑四分，一通，予禁☑　　　　　　　　　　　　　　73EJT26：161B

【集注】

〔1〕連表：或為表之一種，待考。

肩水金關 T27

□受莫當〔1〕卒同〔2〕　　　　　　　　　　　　　　　73EJT27：25

【集注】

〔1〕莫當：隧名。

〔2〕同：人名，為戍卒。

☑……昏付卒☑　　　　　　　　　　　　　　　　　73EJT27：42

☑　其六封張掖□☑
☑　居延都尉府一封☑
☑　段常利〔1〕印，詣居☑
☑　閏月丁丑日食□□□☑　　　　　　　　　　　　73EJT27：69

【集注】

〔1〕段常利：人名。

北書二封　　☑　　　　　　　　　　　　　　　　　73EJT27：76

☑月癸丑日蚤食二分☐☑

☑……☑　　　　　　　　　　　　　　　　　　　73EJT27：100

肩水金關 T28

☑☐火一通，西部候長道右後候長☐絕非☐☑　　　73EJT28：47

南書一封　居延都尉章，詣張掖大守府　十一月辛亥夜☐☑　73EJT28：52

　　　　　　一封……府

南書三封

　　　　　一封居延千人，詣張掖庫（上）

隧卒成〔1〕雞前鳴時〔2〕，付沙頭〔3〕亭卒應〔4〕（下）　　73EJT28：57

【集注】

〔1〕成：人名，為戍卒。

〔2〕雞前鳴時：張德芳（2004，206 頁）：「雞鳴」是平旦之前的一個時段。雞叫三
　　　遍，古人稱之為「雞三號」……為了細分，懸泉、居延漢簡中把雞叫三遍分別
　　　稱作「雞前鳴」「雞中鳴」「雞後鳴」。

　　　　　今按，其說是。雞前鳴即雞鳴之前一個時段的稱謂。

〔3〕沙頭：亭名。

〔4〕應：人名，為戍卒。

☑　　四月庚辰下餔九分，卒未央〔1〕受莫當〔2〕卒疾去〔3〕，付沙頭〔4〕卒放☑
　　　　　　　　　　　　　　　　　　　　　　　　73EJT28：60

【校釋】

　　「放」原作「枚」，姚磊（2017D3）釋。

【集注】

〔1〕未央：人名，為戍卒。

〔2〕莫當：隧名。

〔3〕疾去：人名，為戍卒。

〔4〕沙頭：亭名。

南書六封（上）

其五封居延令印，一詣屋蘭、遝一詣日勒、遝一詣溫、遝一詣右扶風、一詣河
內大守府　☑

一封橐佗候印，詣肩水都尉府。☑月乙未日出二分時，卒☑受莫當〔1〕吏☑☑，
付沙頭〔2〕卒☑（下）　　　　　　　　　　　　　　　　　73EJT28：61

【集注】

〔1〕莫當：隧名。

〔2〕沙頭：亭名。

　　　　　　　　其一封居延都尉章，詣張掖大守府

南書二封、合檄一

　　　　　　　　　一封張掖肩塞尉，詣昭武（上）

十二月戊申人定五分，驛北亭卒壽〔1〕受莫當〔2〕

隧卒同〔3〕，夜半〔4〕☐☐☐☐☐（下）　　　　　　　73EJT28：62

【集注】

〔1〕壽：人名，為戍卒。

〔2〕莫當：隧名。

〔3〕同：人名，為戍卒。

〔4〕夜半：陳夢家（1980，248 頁）：「夜半」稱為少半、大半，則「夜半」平分為
三段：夜少半為第一，夜半（夜中）為第二，夜大半為第三。漢簡有「夜少半
四分」和「夜大半三分」「五分」，則少半和大半應是兩個「時段」，或不是一
個夜半「時段」的前、後兩半。但漢簡未見「夜半時若干分」，故夜半是否分
為三段，尚待考證。漢簡與文獻上的「夜過半」或在「夜半」範圍內。

　　李均明（1984，24～25 頁）：夜半，一夜之中。《左傳·莊公七年》「夜半
星隕如雨」，杜注「夜中者以水漏知之」，《經典釋文》「夜中，夜半也」。故夜
半位置的準確測定當在漏壺等計時器出現以後。但它一旦被測出來，則其位
置是確定的，中國古代許多曆法的曆元往往取在夜半時刻。

　　張德芳（2004，204 頁）：同上述「夜少半」一分為三一樣，懸泉漢簡記
時也把「夜半」分而為三，即：「夜幾半」「夜半」「夜過半」。顧名思義，「夜
幾半」就是「夜半」之前的一小段時間……除了「夜幾半」外，懸泉漢簡反映
同一個時間概念的稱謂還有「夜未半」和「夜且半」……「夜半」是坐標性的
時間概念，在文獻、漢簡中極為常見。

冨谷至（2018，92 頁）：夜半時為凌晨零時左右。

今按，諸說多是。夜半即一夜之中，為夜晚之中間一段時間的稱謂。

☑□一詣居延，一封昭武丞印，詣居延　☑　　　　　　　73EJT28：66

☑封張掖大守章，詣居延都尉府　十☑
☑肩水都尉章，詣橐佗廣地　　□☑　　　　　　　　　73EJT28：78

【校釋】

姚磊（2017G8）綴合簡 73EJT7：205 和該簡。今按，兩簡字體不同，茬口不合，屬於不同探方出土，當不能拼合。

　　　　　　失中九分一　　　　　　　餔坐〔1〕五分一・凡六
五月十六日庚辰
　　　　　　餔時三分一└二分一六分一　日出三分一外候（上）
候卒赦〔2〕受莫當〔3〕徒宿〔4〕（下）　　　　　73EJT28：79

【校釋】

該簡年代羅見今、關守義（2015）認為是甘露元年（前 53）或陽朔三年（前22）。今按，其說或是。

【集注】

〔1〕餔坐：張德芳（2004，197 頁）：「餔坐」是一個不通用的「稱謂」，同「食坐」一樣，可能相對於餔食之後小坐休息的時間。

　　　　今按，其說或是。

〔2〕赦：人名，為戍卒。

〔3〕莫當：隧名。

〔4〕宿：人名，為徒。

□書四封，皆居延都尉章（上）
一詣□□□　　　　　□□□□蚤食時付沙頭〔1〕亭卒應〔2〕
一詣敦煌大守府
一詣河東大守府（下）　　　　　　　　　　　　　73EJT28：82

【集注】

〔1〕沙頭：亭名。

〔2〕應：人名，為戍卒。

　　　　　　　平旦四分　　☑

表二通，十一月丙戌

　　　　　　　……　☑　　　　　　　　　　　73EJT28：103

☑……☑

☑□塢上連表一通，旁蓬☑　　　　　　　　　73EJT28：120

　　　　　　　其十封張掖長☑

北書十一封、檄一

　　　　　　　一封詣居延城□☑（削衣）　　　73EJT28：128

肩水金關 T29

☑□庇受橐他莫當〔1〕隧卒租〔2〕，傳言□☑　　　　73EJT29：8

【校釋】

　　「租」原作「根」，姚磊（2015）釋。又「傳」原作「傅」，該字作十形，「租傳言」又見於簡73EJT23：258，據字形和文義來看，其當釋「傳」。

【集注】

〔1〕莫當：隧名。

〔2〕租：人名，為戍卒。

　　　　　蚤食時，表一通　　下餔時，表一通　　　候卒登都

二月壬子　日東中時，表一通　雞後鳴〔1〕，表火二通

　　　　　餔時，表一通　　　　　　　　　　　　73EJT29：110

【集注】

〔1〕雞後鳴：陳夢家（1980，248～249頁）：雞鳴在五夜（更）之戊夜後三刻，旦明之前。漢簡雞鳴時分前鳴，中鳴，後鳴三級。《史記‧曆書》曰「雞三號卒明」，索隱云「三號三鳴也，言夜至雞三鳴則天曉」。《祭祀志》引《漢官》曰「雞一鳴時見日始欲出。」

　　　　今按，說是。雞後鳴即雞鳴之後一個時段的稱謂。

肩水金關 T30

出詣表一通　……日西中……表□☑　　　　　　　　　　　73EJT30：101

請

子公足下　蔡子卿　　　　　　　　　　　　　　　　73EJT30：129A+107

奏　　　　　　　　　　　　　　　　　　　　　　　　　73EJT30：129B

【校釋】

　　伊強（2015D）綴。

地節三年功勞案〔1〕　　　　　　　　　　　　　　　　73EJT30：108

【集注】

〔1〕功勞案：劉軍（1998，46頁）：漢代的「功」可用數值衡量，通常以年、月、
　　　日為計量單位，而且每位官吏都有功勞檔案，稱「功勞案」或「功將」。

　　　　李均明（2009，416頁）：案，查證。《史記・魏其武安侯列傳》：「灌夫家
　　　在潁川，橫甚，民苦之，請案。」故經查實將有關事項記錄在案的文書形式亦
　　　稱作「案」。

　　　　今按，案即案驗，是對有關事項進行調查案驗之後形成的文書。劉軍說似
　　　不確，其所說為功勞墨將名籍。

☑十二月郵書課☑　　　　　　　　　　　　　　　　　73EJT30：194

☑　其一封居延司馬，詣昭武　　　　　日下餔，卒武〔1〕受莫當〔2〕　☑

☑　一封廣地候印，詣肩水都尉府　　輩　☑

☑　一封橐他候印，詣肩水　　☑　　　　　　　　　　73EJT30：206

【集注】

〔1〕武：人名，為戍卒。

〔2〕莫當：隧名。

☑　其一封居延都尉章，詣張掖大守府　　☑

☑　一封居延千人，詣梁國□□　　☑　　　　　　　　73EJT30：216+220

【校釋】

　　伊強（2014B）綴。

　　　　　　　□□□□□☑

北書四封、合檄一

　　　　　　　　合檄一，虎猛☑　　　　　　　　　　　73EJT30：227

☑二封，居延都尉章，詣張掖大守府　　☑（削衣）　　73EJT30：232

肩水金關 T31

　　　　　　　一封詣涼州刺史

東書八封　　　　　　　　　　□☑

　　　　　　　一封詣金城大守府　　　　　　　　　　　73EJT31：18

其一封詣丞相府　　☑

……　　☑　　　　　　　　　　　　　　　　　　　　　73EJT31：29

屋闌元康二年閏月囚錄〔1〕　　　　　　　　　　　　　73EJT30：264

　　　　　　坐與同縣富昌〔2〕里男子呂湯〔3〕共盜大原郡於縣〔4〕始昌☑

耐罪屋闌……　　□□□　　☑　　　　　　　　　　　　73EJT24：131

【校釋】

　　第二行「耐罪屋闌」原未釋，伊強（2015G，246頁）釋。

死罪屋闌游徼當祿〔5〕里張彭祖〔6〕　　以胡刀自賊刺頸各一所，以幸立死

　　　　　　　　　　　元康二年三月甲午〔7〕械毄（上）

屬國各在破胡受盧水男子翁□當告（下）　　　　　　73EJT30：6

□□□□□□□□□□（上）

坐與游徼彭祖捕縛盧水男子因籍田都當，故屬國千人辛君大奴宜馬☑

……　　☑（下）　　　　　　　　　　　　　　　　　73EJT30：170+144

【校釋】

　　伊強（2014B）綴。

☑屋闌元康二年閏月囚錄　　　　　　　　　　　　　　73EJT31：45

【校釋】

「屋蘭」原未釋，伊強（2015G，243 頁）、胡永鵬（2016A，1184 頁）釋。

元康二年閏月戊戌朔甲子〔8〕，屋蘭司空嗇夫盖梁〔9〕以私印行丞事

敢言之：謹移囚錄一編，敢言之。　　　　　　　　　　73EJT30：42+69

【校釋】

以上六簡伊強（2015G，246 頁）指出屬同一簡冊。今按，其說當是。六簡字體筆迹相同，內容相關，為所謂「囚錄」，當原屬同一簡冊，可編連。

關於其排序，據漢簡中發現的完整簡冊來看，作為呈送文書的簡 73EJT30：42+69 位於簡冊末尾。又 73EJT30：264、73EJT31：45 兩個標題簡，伊強（2015G，246 頁）認為作為內容完全相同的標題，二者的關係還須進一步討論。但從已有簡冊來看，標題簡兩枚，當位於呈文之附件簿冊的前後。

【集注】

〔1〕囚錄：李均明（2009，415 頁）：錄，記錄。《周禮·職幣》：「皆辨其物而奠其錄。」孫詒讓《正義》云：「凡財物之名數，具於簿籍，故通謂之錄。」辨物而錄，忠實於客觀，是錄這一文書形式的特點。

　　　今按，說是。囚錄即對囚犯個人信息及犯罪事實等的錄寫文書。

〔2〕富昌：里名。

〔3〕呂湯：人名。

〔4〕於縣：黃浩波（2013C）：或為於離誤釋。

　　　孫兆華（2014A，73 頁）、（2014B，120 頁）：疑於縣即《漢書·地理志》盂縣。

　　　黃浩波（2018A，117 頁）：傾向於認為簡 73EJT24：131 所見「於縣」是指《漢書·地理志》所記「鄔」。

　　　今按，《漢書·地理志》「太原郡」有「于離」「鄔」「盂」等縣，至於該簡「於縣」所指為何，則不能確定，待考。

〔5〕當祿：里名。

〔6〕張彭祖：人名。

〔7〕元康二年三月甲午：元康，漢宣帝劉詢年號。據徐錫祺（1997，1555 頁），元康二年三月庚午朔，二十五日甲午，為公曆公元前 64 年 4 月 24 日。

〔8〕元康二年閏月戊戌朔甲子：元康，漢宣帝劉詢年號。據徐錫祺（1997，1556
　　　頁），元康二年閏月戊戌朔，二十七日甲子，為公曆公元前 64 年 9 月 21 日。

〔9〕盖梁：人名，為屋蘭司空嗇夫。

☑□丞印，詣公車司馬。二月己巳起，漏上卅刻〔1〕☑
☑□詣張掖大守府　　☑　　　　　　　　　　　　　　　73EJT31：58

【校釋】

　　　第一行「刻」原作「劾」。該字作▨形，據字形和文義來看，當為「刻」字。

【集注】

〔1〕漏上卅刻：陳夢家（1980，242 頁）：漏分為夜漏、晝漏兩部分；而夜漏或晝
　　　漏又分為兩部分，前半稱為上水或上，後半稱為未盡或下。凡上水或上若干
　　　刻，是順數；凡稱下若干刻是順數，稱未盡若干刻是逆數⋯⋯它們從來不與
　　　「時稱」連合，如稱夜食若干刻者。它們和漢簡上所見的「時分」（即某時幾
　　　分）應是兩種系統。
　　　　　今按，其說當是。

☑　日食時二分　☑　　　　　　　　　　　　　　　　　73EJT31：81
☑□掖府，十一月丙戌起
☑□十一月丙申起　十一月庚戌付□　　　　　　　　　73EJT31：96
　　　　　　一封張掖大守章，詣居延都尉，二月乙巳起　☑
三月一日　一封張掖長史行大守事，詣居延都尉，二月己酉起‧□□兌恩□☑
北書十一封　九封肩水都尉，詣三官、官三封，其三詔書　□□☑
　　　　　　一封角得丞印，詣廣地　☑　　　　　　　73EJT31：114A
一封張掖水長，詣肩水候官　☑
一封角得丞印，詣居延　☑
一封張掖臨谷候印　☑　　　　　　　　　　　　　　　73EJT31：114B

☑定三分盡時，王樂〔1〕付彊漢〔2〕隧長放〔3〕　　　　73EJT31：160

【集注】

〔1〕王樂：人名。

〔2〕彊漢：隧名。

〔3〕放：人名，為彊漢隧長。

北檄一　五月壬午☐☐　　　　　　　　　　　　73EJT31：175

☐　日中六分　　☐　　　　　　　　　　　　　73EJT31：199

☐火一通☐　　　　　　　　　　　　　　　　　73EJT31：220

肩水金關 T32

四月癸丑雞鳴時☐表火一通，騂北亭長武〔1〕受橐他莫當〔2〕隧

　　　　　　　　　　　　　　　　　　　　　　73EJT32：26

【集注】

　〔1〕武：人名，為騂北亭長。

　〔2〕莫當：隧名。

☐南書……　　　　　　　　　　　　　　　　　73EJT32：30

　　　　　　一封詣橐他候官　右三封肩水都尉章☐

北書三封　一封詣廣地候官　　☐

　　　　　　一封詣居延都尉府　　☐　　　　　73EJT32：42

☐　十月癸亥日蚤食☐☐　　　　　　　　　　73EJT32：62

☐　卒同〔1〕　☐☐食時☐（削衣）　　　　73EJT32：68

【集注】

　〔1〕同：人名，為戍卒。

肩水金關 T33

☐☐甲候印，一詣觻得、一詣靡谷候官　　四月癸卯☐

☐☐延井候印，旦鹿候官　　　　　卒明〔1〕，夜食時☐☐

　☐　　　　　　　　蘭　　☐　　　　　　　73EJT33：13+4

【校釋】

　　何有祖（2016A）綴。

【集注】

　〔1〕明：人名，為戍卒。

☑月丙申雞前鳴二分，驛北卒世〔1〕受☐☑　　　　　　73EJT33：14

【集注】

〔1〕世：人名，為戍卒。

☑印，詣居延都尉府。建始元年十二月丙辰〔1〕　☑　　73EJT33：45

【集注】

〔1〕建始元年十二月丙辰：建始，漢成帝劉驁年號。據徐錫祺（1997，1620頁），
建始元年十二月庚寅朔，二十七日丙辰，為公曆公元前33年1月23日。

☑亭長圖〔1〕，付沙頭〔2〕亭長賀〔3〕　☑　　　　73EJT33：68

【集注】

〔1〕圖：人名，為亭長。

〔2〕沙頭：亭名。

〔3〕賀：人名，為沙頭亭長。

六月辛卯食坐五分，詿表☐☑　　　　　　　　　　　73EJT33：69

　　　　　　　一封詣昭武
出南書三封　一封詣張掖庫　十月乙酉蚤食，卒世〔1〕受莫當〔2〕卒世，
　　　　　　　一封詣倉石候　莫食付沙頭〔3〕卒
　　　　　　　其三封薛襃〔4〕印　　　　　　　　　　73EJT33：79A
☐☐☐☐　一封☐☐馬趙君糸　十月乙丑日入莫
　　　　　　　　　　　付官　　　　　　　　　　　73EJT33：79B

【集注】

〔1〕世：人名，為戍卒。

〔2〕莫當：隧名。

〔3〕沙頭：亭名。

〔4〕薛襃：人名。

肩水金關 T34

☑　二月庚寅食時九分，驛北亭卒世〔1〕付禁隧長禹〔2〕　　73EJT34：17

【集注】

〔1〕世：人名，為戍卒。

〔2〕禹：人名，當為禁姦隧長。原簡書寫時脫「姦」字。

入詣表一通　十一月甲午日蚤食三分……　　　　73EJT34：47

肩水金關 T37

南書□封　其一封居延都尉章，詣大司農府　　☑　　　73EJT37：145

南書三封，張肩塞尉　二封詣□☑　　　　73EJT37：244+255A

……☑　　　　　　　　　　　　　　　　　73EJT37：255B

【校釋】

伊強（2016A）綴。

☑□□□食時，卒猛〔1〕受莫當〔2〕卒□□分

☑卒黨〔3〕　　卩　　　　　　　　　　　　73EJT37：489

【集注】

〔1〕猛：人名，為戍卒。

〔2〕莫當：隧名。

〔3〕黨：人名，為戍卒。

北書二封，張掖……　　☑　　　　　　　　73EJT37：604

☑一封　二月丙辰，書佐相〔1〕署　　　　　　73EJT37：715

【集注】

〔1〕相：人名，為書佐。

☑　北書詣居延都尉，八月癸丑起　八月☑　　73EJT37：821

南書五封□□（上）

其一封居延都尉章，詣郡大守；三封昭武長印，詣……其一封……☑

府，十月庚申起□□　一封居延丞印，詣昭武　☑（下）　73EJT37：848

☑　二張掖守部司馬行大守事，詣居延都尉。七月丁未起　七月

☑　一安定大守章，詣居延都尉。六月己丑起☐☐　　　　　　73EJT37：908

其一起廣地守林〔2〕隧

入亡人赤表函〔1〕二

一起槖他高顯〔3〕隧

元延三年七月丁巳〔4〕夜食五分，騂北卒賀〔5〕受莫當〔6〕隧卒同〔7〕

73EJT37：918+1517

【校釋】

姚磊（2016K，235 頁）綴。第三行「高」字原作「亭」，郭偉濤（2017D，215 頁）、（2019A，125 頁）、（2019B，67 頁）釋。

【集注】

〔1〕亡人赤表函：陳邦懷（1964，43 頁）：此乃搜捕出亡人之函。「赤表」，言函之表面為赤色。函表作赤色者，要求傳遞奔赴應速也……違法之人出亡，恐其遠逃隱匿，故用赤表函移它郡縣，以示追捕至急也。

今按，其說恐非。亡人赤表為烽火信號之一種，是顯示有人出逃的紅色表幟。函為封緘的匣子。亡人赤表函當指和亡人赤表有關的匣子。

〔2〕守林：郭偉濤（2017D，215 頁）：廣地南部塞，考見新莽天鳳五年時轄有守林隧。東漢永元年間，南部塞僅轄破胡、澗上兩隧，永元五年六月時信為候長。

今按，其說當是，守林為隧名。

〔3〕高顯：隧名。

〔4〕元延三年七月丁巳：元延，漢成帝劉驁年號。據徐錫祺（1997，1664 頁），元延三年七月乙卯朔，三日丁巳，為公曆公元前 10 年 8 月 2 日。

〔5〕賀：人名，為戍卒。

〔6〕莫當：隧名。

〔7〕同：人名，為戍卒。

・右十二月南書，七輩十三封　亅　　　　　　　　　　　73EJT37：1060

其四封肩水倉長印，二詣居延都尉、二詣居延

北書十四封　二封小府詣居延都，二封礫得長印，一詣居延都尉、一詣肩水候官

　　　　三封肩水千人，一詣肩水候、一詣橐他、一詣廣地

　　　　一封淮陽內史，詣居延都尉府　一封詣昭武長印詣居延令丞發

　　　　（上）

十月壬午日二干時，卒馮賢〔1〕、卒周六始〔2〕付

當〔3〕（下）　　　　　　　　　　　　　　　　　73EJT37：1071

【校釋】

　　下欄第一行「馮」上一「卒」字原缺釋，姚磊（2017C6）補釋。

【集注】

〔1〕馮賢：人名，為戍卒。

〔2〕周六始：當為人名，為戍卒。

〔3〕當：人名。

一封詣城官　　☑　　　　　　　　　　　　　73EJT37：1279A

☑　　☑　　　　　　　　　　　　　　　　　73EJT37：1279B

☑甲寅　日中一分，一通☐☐☐分，一通　風　☑

☑　　　舖二分，一通；三分一　　☑　　　　73EJT37：1316

居延都尉門下吏夏憲〔1〕叩頭　　☑

事金關嗇夫許掾門下奉教　　☑　　　　　　　73EJT37：1375A

☑☐史　　　　　　　　　　　　　　　　　　73EJT37：1375B

【集注】

〔1〕夏憲：人名。

■右九月北書四輩　丿　☑　　　　　　　　　73EJT37：1449

肩水金關 H2

　　　　五封都尉章，其二詣橐他、三詣廣地

　　　　一封☐☐☐☐詣居延

北書廿四封　三封太守章，其二詣居延都尉、一居延

　　　　三封大司農☐章，其一封破，詣居延農都尉〔1〕

　　　　一封樂官丞印，詣居延（上）

一封表是丞印，詣居☑
七月戊寅日食時☐☑
二封☐　☑（下）　　　　　　　　　　　　　　　73EJH2：49

【集注】

〔1〕居延農都尉：彭浩（2018，224 頁）：「居延農都尉」是一個官署，是信件的接
　　　收者；中央政府的「大司農」直接給居延農都尉發出信件，兩者是上下級的隸
　　　屬關係……由此可以確認，漢代張掖郡分設有張掖、居延農都尉，可補史書缺
　　　失。

　　　　　今按，說或是，參簡 73EJT24：101+116「農都尉」集注。

北單檄三　其一檄詣廣地，肩水都尉章，閏月壬申日蚤餔，官卒☐☐　　☑
　　　　　　　　　　　　　　　　　　　　　　　　　　73EJH2：53A

昭武……　屋蘭承明〔1〕里韓猛〔2〕卩　　☑
……　☑　　　　　　　　　　　　　　　　　　　　73EJH2：53B

【集注】

〔1〕承明：里名，屬屋蘭縣。
〔2〕韓猛：人名。

肩水金關 F3

　　　二張掖騎司馬行大守事，詣居延都尉。三年正月甲午起，閏月己酉
　　　起，一旁封〔1〕
☑☐☐封☐合檄，氏池丞印，詣居延府　君門下
　　　二張掖肩水都尉，詣橐他官　　・一封破、蒲繩解隨
　　　一☐☐長印，詣橐他官（上）
・居☐☐☐閏月甲申日食時，
駅北卒卒賀〔2〕受沙頭〔3〕卒同〔4〕（下）　　　73EJF3：41A+77A
　　　　☐封居延都尉、肩水都尉章
☑書五封
　　　二封廣地、肩水章；北檄二，詣廣地肩水，都尉章（上）
正月丁未平旦，受沙頭卒（下）　　　　　　　73EJF3：41B+77B

【校釋】

　　姚磊（2016F7）、（2017E，40頁）綴，並釋A面下欄第一行「居□□□閏月甲申」作「居聑（攝）三年閏月庚申」。今按，補釋或可從，但簡文殘斷，不能確知，暫從整理者釋。

　　又姚磊（2016F7）、（2017E，40頁）指出A面下欄第二行「駟北卒卒賀」中第二個「卒」字上畫了個圈，當是寫重後塗抹以示刪除的符號。今按，其說當是。

　　又該簡的年代，羅見今、關守義（2018，70頁）認為是居攝三年。今按，其說是，居攝三年即公元8年。

【集注】

〔1〕旁封：李均明（2004A，41頁）：右側凡署「印破」者，即因封泥毀壞、印文無法辨認者，《行書律》稱之為「封毀」……凡封毀者，負責傳遞的所在縣須另加封泥並用本縣令或丞的印章重蓋印，居延漢簡稱之為「旁封」。

　　　　中國簡牘集成編輯委員會（2001F，130頁）：因前封破，後人又在其旁再封，故稱旁封。

　　　　今按，諸說是。旁封即在損毀的封泥旁再加以封印。

〔2〕賀：人名，為戍卒。

〔3〕沙頭：亭名。

〔4〕同：人名，為戍卒。

　　　　合檄一，封破，詣居延都尉張□。二月己未人定時，受沙頭〔1〕亭
……

　　　　大守章　……　　　　　　　　　　　　　　　　73EJF3：42

【集注】

〔1〕沙頭：亭名。

北書一封，張掖右大尉　詣後大尉府，三月甲辰起
三月辛亥日蚤食時，莫當〔1〕卒受駟北卒
三月壬子日西中時，高顯〔2〕隧卒同〔3〕付守林〔4〕隧卒同〔5〕
界中百卅里，書行十三時，中程　　　　　　　　73EJF3：143+211+425

【集注】

〔1〕莫當：隧名。

〔2〕高顯：隧名。

〔3〕同：人名，為高顯隧卒。

〔4〕守林：隧名。

〔5〕同：人名，為守林隧卒。

■右三月北書，一輩一封……☑　　　　　　　　　　　　73EJF3：232

　　　　　　詣延亭大尹府，三月庚子入

☑□司馬行大尹事（上）

五月庚戌日餔時，莫當〔1〕卒受騂北卒

五月辛亥日入時，顯高卒付守林〔2〕卒同〔3〕

界中百三十里，書行十三時，中程（下）　　　　　　73EJF3：628+311

【校釋】

　　姚磊（2016F8）、（2017E，38頁）綴，且認為「顯高」是「高顯」，書手存在筆誤。今按，其說是。高顯為隧名。

　　又該簡年屬，郭偉濤（2017D，215頁）認為是天鳳五年（18）。今按，其說或是。

【集注】

〔1〕莫當：隧名。

〔2〕守林：隧名。

〔3〕同：當為人名。

十一月十三日　九　九日遣書到馳　十一月辛未日下餔時，騂北卒陳威〔1〕受稽落〔2〕卒兒康〔3〕，即日

南書一封，延亭連率後大尉印，詣酒泉大尹府。十月甲寅□□日入時，付沙頭〔4〕卒□□郵書　　　　　　　　　　　　　　　73EJF3：345A

北書書送起翟　成況私印　　　　　　　　之印信……

翟褒印　　　　　成訒之印長春成豐敢敢言敢言之……（習字甚多）

　　　　　　　　　　　　　　　　　　　　　　　　73EJF3：345B

【集注】

〔1〕陳威：人名，為戍卒。

〔2〕稽落：亭隧名。

〔3〕兒康：人名，為戍卒。

〔4〕沙頭：亭名。

北書一封　居延左尉，即日起☑　　　　　　　　　　73EJF3：449A

北書三封　䜌得丞印，詣☑

　　　　　單檄一，張掖肩☑　　　　　　　　　　　　73EJF3：449B

☑□封解隋〔1〕蒲　　　　　　　　　　　　　　　　73EJF3：496

【校釋】

　　未釋字徐佳文（2017C，31 頁）補釋「破」。今按，補釋或可從，該字僅存右下角筆畫，不能確知，當從整理者釋。

【集注】

〔1〕解隋：徐佳文（2017C，31 頁）：解有開裂和壞的意思。隋同「墮」，表示落下的意思。又因「隋」通「隨」，「解隋」即「解隨」，表示描述蒲繩壞損和脫落。今按，說恐非。「解隋」即「解隨」，意為說破裂毀壞，參簡 73EJT23：62「解隨」集注。

☑居延都尉三年　　　正月己丑起

☑年正月乙巳日下飯　時，騂北亭卒賀〔1〕受沙頭〔2〕　　73EJF3：460A

☑……北亭卒賀受沙頭卒□　　　　　　　　　　　　73EJF3：460B

【集注】

〔1〕賀：人名，為戍卒。

〔2〕沙頭：亭名。

☑……

☑□　勇士〔1〕卒張譚〔2〕下五分，賀〔3〕付沙　　　73EJF3：592

【集注】

〔1〕勇士：隧名。

〔2〕張譚：人名，為戍卒。

〔3〕賀：人名。

肩水金關 T4H

六月戊申，驛北卒黨〔1〕日下餔時，受
沙頭〔2〕卒同〔3〕   73EJT4H：4

【集注】

〔1〕黨：人名，為戍卒。

〔2〕沙頭：亭名。

〔3〕同：人名，為戍卒。

南書一封，居延都尉閏月丁酉起行，詣張掖大守（上）
五月癸亥日中時，驛北卒黨〔1〕受莫
當〔2〕卒同〔3〕，八分時付沙頭〔4〕卒同〔5〕（下）   73EJT4H：12

【集注】

〔1〕黨：人名，為戍卒。

〔2〕莫當：隧名。

〔3〕同：人名，為莫當隧卒。

〔4〕沙頭：亭名。

〔5〕同：人名，為沙頭隧卒。

☑　張掖長史私印　☑
☑　詣居延都尉府　☑   73EJT4H：25

☑　十月丙午夜人定二分，驛北卒富〔1〕受沙頭〔2〕卒
☑　護〔3〕，人定六分付莫當〔4〕卒禹〔5〕   73EJT4H：27

【集注】

〔1〕富：人名，為戍卒。

〔2〕沙頭：亭名。

〔3〕護：人名，為戍卒。

〔4〕莫當：隧名。

〔5〕禹：人名，為戍卒。

☑……☑

⊘□日出，敵〔1〕受沙頭〔2〕⊘　　　　　　　　　73EJT4H：81

【集注】

〔1〕敵：人名。

〔2〕沙頭：亭名。

⊘其一封四月辛丑起‧□⊘

⊘□封六月戊戌起　⊘　　　　　　　　　　　　73EJT4H：82A

⊘□　⊘　　　　　　　　　　　　　　　　　73EJT4H：82B

　　　　一廣地候，詣府

⊘□二封　　　　　　　　　寄魚車張君所⊘

　　　　一橐他尉，詣府　　　　　　　　　　73EJT4H：89A

　　　　　　一詣張掖大守府，十月癸亥起丿⊘

⊘南書二封，居延都尉

　　　　　　一詣河南大守府，十月壬子起⊘　　73EJT4H：89B

肩水金關 73EJD

南檄二，皆他候印，詣肩水府　□付關門卒　　　　73EJD：14

北書五封　一封張掖庫令，詣居延□　二封肩□□□

　　　　一封肩水都尉，詣　橐他　一封□□□旁封　即起　73EJD：25A

北行□□子不可知　二月廿三日日出時，受駼　　　73EJD：25B

　　　　　其三封居延城司馬，一詣大守府、一詣酒泉大府，皆八月丁酉起

南書八封　三封地候，一詣肩水府、一詣氐池、一詣肩水掾曹

　　　　一封居令丞印，詣表是；一封延水丞，詣揹次（上）

八月壬寅餔時，受收降〔1〕卒

如時付頃〔2〕

∫　校（下）　　　　　　　　　　　　　　　　73EJD：33A

ㄅ　　　　　　　　　　　　　　　　　　　　73EJD：33B

【集注】

〔1〕收降：隧名。

〔2〕頃：當為人名。

其一封張掖大守章，居延府，六月辛丑起

北書五封　二封張掖都尉章，一詣他、一詣地

一封氐池長，詣地

一封番和尉，詣地　　　　　驛北冊（上）

六月廿五日日蚤食，受水〔1〕，食坐

付收降〔2〕卒（下）　　　　　　　　　　　　　73EJD：34

【集注】

〔1〕水：當為人名。

〔2〕收降：隧名。

其一封周曾〔2〕，一封張譚〔3〕，一封齊襃〔4〕，皆詣府

南書五封、柳檄〔1〕一　一封居延章，詣大守府，九月乙酉起

柳檄一周曾，詣府（上）

柯〔5〕付

十月四日夜過半，受充〔6〕（下）　　　　　　73EJD：35

【集注】

〔1〕柳檄：當指書寫於以柳木為材質製作的簡牘上的檄書。

〔2〕周曾：人名。

〔3〕張譚：人名。

〔4〕齊襃：人名。

〔5〕柯：人名。

〔6〕充：人名。

二日　　☑

南書七封，詣居延，一封詣張掖大守車□☑　　　73EJD：55A

十日　　☑

北書七封，謹詣張掖大守車，一詣北部□☑　　　73EJD：55B

☑嘉二年七月甲申，佐通〔1〕奏封〔2〕　　　　73EJD：66

【校釋】

簡首「嘉」字原未釋，許名瑲（2016O）、（2018，342 頁）補釋。

【集注】

〔1〕通：人名，為佐。

〔2〕奏封：李均明（2009，429頁）：奏封記錄或可稱為「封刺」，猶今發文登記。

今按，其說是。奏封即上奏並封印文書。

☑　居延都尉章，詣張掖大守府，九月戊午發

☑　九月七日平旦，受通望〔1〕卒　　　　　　　　73EJD：67

【集注】

〔1〕通望：隧名。

其一封居延城司，詣大守府，八月戊子起

南書二封、合檄一　一封許輔〔1〕，詣角得　　　　　☐

合檄他候，詣肩水八月（上）

八月甲辰日日東中，受

收降〔2〕卒，如時付猛〔3〕（下）　　　　　　73EJD：71A+101A

……五南

……　弓……餘

……事拔刃……　　　　　　　　　　　　　73EJD：71B+101B

【校釋】

林宏明（2016E）綴。

【集注】

〔1〕許輔：人名。

〔2〕收降：隧名。

〔3〕猛：人名。

北書三封，張掖都尉章，二詣他、一詣地　☑　　73EJD：73A

居延倉長　☑

三月己未入　☑　　　　　　　　　　　　　73EJD：73B

☑……元康二年十一月戊戌〔1〕，尉史同〔2〕奏封　73EJD：74

☑　元康二年九月甲辰〔3〕，尉史同奏封　　　73EJD：76

☑□年十一月丙午，尉史同奏封　　　　　　　　　　　　　73EJD：121

【校釋】

以上三簡形制、字體筆迹相同，內容相關，當原屬同一簡冊，可編連。

【集注】

〔1〕元康二年十一月戊戌：元康，漢宣帝劉詢年號。據徐錫祺（1997，1556 頁），
元康二年十一月丙申朔，三日戊戌，為公曆公元前 64 年 12 月 24 日。

〔2〕同：人名，為尉史。

〔3〕元康二年九月甲辰：元康，漢宣帝劉詢年號。據徐錫祺（1997，1556 頁），元
康二年九月丁酉朔，八日甲辰，為公曆公元前 64 年 10 月 31 日。

南書一封☑□□詣大守府，正月庚午起　　☑　　　　　　73EJD：80

☑詣橐他廣地　　五月癸未日食坐五分，莫當〔1〕☑
樂，日下餔五分斬首〔2〕卒宏☑
里，行五時，中程　　　☑　　　　　　　　　73EJD：93

【集注】

〔1〕莫當：隧名。

〔2〕斬首：隧名。

莫當〔1〕卒延〔2〕　　受騂北卒頃□□　　　　　　　　　73EJD：117

【集注】

〔1〕莫當：隧名。

〔2〕延：人名，為戍卒。

☑□付勳　　　　　　　　　　　　　　　　　　　　　　73EJD：123

　　　　　居延都尉章，詣張掖大守府，四月戊午起　　四月甲□☑
南書一封　　　　　　　　　　　　　　　　　　騂北卒☑
　　　　　　　　　　　　　　　　　　　　　　73EJD：237+125A

☑□莫當□　☑　　　　　　　　　　　　　　　　　　　73EJD：125B

【校釋】

　　姚磊（2016G5）綴，綴合後補釋第一行「都尉章」三字。

☑丙午起　二月壬子下餔，王☑

☑　　　　　受孫夫人，如時付☑　　　　　　　　　73EJD：141

☑夜半，受騂北歖☑　　　　　　　　　　　　　　73EJD：142A

☑□　　☑　　　　　　　　　　　　　　　　　　73EJD：142B

☑□丁未夜人定時

☑□□　　　　　　　　　　　　　　　　　　　　73EJD：143

☑　二封張掖都尉章，詣橐他、廣地

☑　二封肩水城尉，詣廣地、居延△　卩　☑

☑　二封觻得丞，詣橐他、居延　　　　　　　　　73EJD：151

☑□入界課　　☑　　　　　　　　　　　　　　　73EJD：157

　　　　　　　其☑

南書□封　　□□☑

　　　　　□□□☑　　　　　　　　　　　　　　73EJD：179

☑乙卯日蚤食時，通望〔1〕　☑　　　　　　　　73EJD：185

【集注】

〔1〕通望：隧名。

☑□受同〔1〕，立付

　　　　　　　卿□　　　　　　　　　　　　　　73EJD：196

【集注】

〔1〕同：人名。

南書一封☑　　　　　　　　　　　　　　　　　　73EJD：197A

書　　☑　　　　　　　　　　　　　　　　　　　73EJD：197B

☑戌平旦入高顯〔1〕☑　　　　　　　　　　　　73EJD：267A

☑……得……☑　　　　　　　　　　　　　　　　73EJD：267B

【集注】

〔1〕高顯：隧名。

南書一輩一封，以庚寅日餔時五分，先登〔1〕□☑　　　　　73EJD：271

【集注】

〔1〕先登：隧名。

南書三封　　☑　　　　　　　　　　　　　　　　　　　73EJD：275
□丞，詣大　　☑
☑南書四封　一封居延丞，詣大　　☑
　　　　　　一封鑠得□□　　☑（削衣）　　　　　　　　73EJD：328
　　　　　一封張掖大守章，詣☑
☑□逤一　二封邯鄲昌，詣他☑
　　　　　一封逤一，角得長□□☑　　　　　　　　　　　73EJD：372

☑　一詣都尉府，閏月壬寅〔1〕起　☑
☑　詣大守府，六月癸卯起　☑　　　　　　　　　　　　　73EJD：382

【校釋】

　　該簡年代許名瑲（2017B）認為的屬更始二年（24）。更始二年閏月甲戌朔，廿九日晦壬寅（24年7月24日）。六月癸卯朔朔日（24年7月25日），是日大暑。今按，其說或是。

肩水金關 72EJC　73EJC

入詬火一通南　七月乙未夜蚤食六分，駢北亭長襃〔1〕受莫當〔2〕隧長禹〔3〕　☑
　　　　　　　　　　　　　　　　　　　　　　　　　　　72EJC：3

【集注】

〔1〕襃：人名，為駢北亭長。

〔2〕莫當：隧名。

〔3〕禹：人名，為莫當隧長。

南書一封　即□□程　張掖肩水候印，詣肩水都尉府　四月己卯，莫當〔1〕卒
橫〔2〕行　　　　　　　　　　　　　　　　　　　　　72EJC：4

【集注】

〔1〕莫當：隧名。

〔2〕橫：人名，為戍卒。

☑　正月丙寅平旦，卒充〔1〕受莫當〔2〕卒禹〔3〕，七分，卒

☑　付沙頭〔4〕卒生〔5〕　　　　　　　　　　　　　72EJC：25

【集注】

〔1〕充：人名，為戍卒。

〔2〕莫當：隧名。

〔3〕禹：人名，為戍卒。

〔4〕沙頭：亭名。

〔5〕生：人名，為戍卒。

　　　　　　　其一封居延都尉章，詣張掖大守府　☑
南書三封　□□□□　一封張肩塞尉，詣肩水都尉府　☑
　　　　　　　……　　☑　　　　　　　73EJC：618+72EJC：47

☑書五封、一合，皆□□☑

☑府君章封八月□☑　　　　　　　　　　　　　72EJC：85

☑□書六封，其一封遝居延丞印，詣鱳得，破印，頗可知蚤食　73EJC：311

☑居延倉丞印　　　　陽朔三年☑

☑□都尉章，詣張掖大　守府二封□☑

☑都尉章，八月辛酉　　起，詣肩水府□☑

☑……　　☑　　　　　　　　　　　　　73EJC：395

☑□詣張掖大守府☑

☑詣大司農府　　　□付☑

☑張掖都尉府　　☑　　　　　　　　　　　73EJC：403

☑海付萬福〔1〕隧卒同〔2〕　　　　　　　　　73EJC：426

【集注】

〔1〕萬福：隧名。

〔2〕同：人名，為戍卒。

　　　　　　李奉〔1〕印，詣肩水都尉府　六月戊戌日出□☑

南書一封

　　　　　　　　　　　　　卒明〔2〕，七分付沙頭〔3〕□☑

　　　　　　　　　　　　　　　　　73EJC：458

【校釋】

　　第三行「卒」原作「平」，姚磊（2017C6）釋。

【集注】

〔1〕李奉：人名。

〔2〕明：人名，為戍卒。

〔3〕沙頭：亭名。

四月丁酉雞鳴五分時，肩水騂北亭受橐他莫當〔1〕隊詬火一通　騂北亭長襃

〔2〕移　　　　　　　　　　　　　　　　73EJC：591

四月辛丑夜詬火，天風填窅不知時，騂北亭受橐他莫當隧　騂北亭長襃移

　　　　　　　　　　　　　　　　　73EJC：611

【校釋】

　　以上兩簡形制、字體筆迹相同，內容相關，當原屬同一簡冊，可編連。

【集注】

〔1〕莫當：隧名。

〔2〕襃：人名，為騂北亭長。

☑□大守府，一詣安定大守府□□☑

☑守府　☑　　　　　　　　　　　73EJC：623

居延查科爾帖 72ECC

☑……尉印，十月十七日乙巳起。一詣張掖府、一詣酒泉府

☑十月廿一日辰出時，受成〔1〕，付趙明〔2〕　　　　　　72ECC：11

【校釋】

　　該簡年屬許名瑲（2016N）、（2018，335 頁）認為是成帝元延二年（前 11）。羅見今、關守義（2018，74 頁）則認為是建昭二年（前 37）或元延二年（前 11）。今按，說當是。

【集注】

〔1〕成：人名。

〔2〕趙明：人名。

☑□一封六月十八日戊申起，驛馬行；一封六月十五日乙巳起，一封六月十九日己酉起，皆

☑□六月九日己亥起，一封河南尹印章，蒲繩解脫，毋送。起日有行三枚同

☑□夜參蚤食時，和昌〔1〕受趙猛〔2〕　　　　　　　72ECC：13

【校釋】

　　該簡年屬許名瑲（2016N）、（2018，335 頁）認為是成帝元延二年（前 11）。羅見今、關守義（2018，75 頁）則認為是地節二年（前 68）或元延二年（前 11）。今按，說當是。

【集注】

〔1〕和昌：人名。

〔2〕趙猛：人名。

☑　之印，詣府。書以十一月十九日起☑　　　　　　　72ECC：22

☑日餔時，顏慶〔1〕受尹□☑　　　　　　　　　　　72ECC：23

【集注】

〔1〕顏慶：人名。

☑□平五年九月十三日☑

☑日合九月二日起☑　　　　　　　　　　　　　　　72ECC：27

出南書一封，都尉印，十一月十七日起，詣府☑　　　72ECC：28A

同　　☑　　　　　　　　　　　　　　　　　　　　72ECC：28B

☑九月十四日起，詣鱳得，郵行☐☐☐☑

☑時，范尊〔1〕受李賓〔2〕　　☑　　　　　　　　　72ECC：38

【校釋】

　　「賓」字原作「實」，該字圖版作 形，當為「賓」。

【集注】

〔1〕范尊：人名。

〔2〕李賓：人名。

☑☐日起，詣☐召中☑　　　　　　　　　　　　　　72ECC：50A

☑　☐見入☐☑　　　　　　　　　　　　　　　　　72ECC：50B

檄二封，備☐☐☑　　　　　　　　　　　　　　　　72ECC：61

　　　　　　　牛黨〔1〕付

☑日下餔時

　　　　　　　許禹〔2〕　　　　　　　　　　　　　72ECC：63

【集注】

〔1〕牛黨：人名。

〔2〕許禹：人名。

☑　以詣都尉，封泥摩滅、蒲繩完☑

☑　二弛刑陳據〔1〕受却胡〔2〕亭吏王龔☑　　　　　72ECC：70

【集注】

〔1〕陳據：人名，為弛刑。

〔2〕却胡：亭名。

第五章　符券類

肩水金關 T1

元康四年十一月　　☑

百約至五年□　　☑（右側有刻齒數）　　　　　　　　　73EJT1：123

【校釋】

第二行「約」原作「絇」，邢義田（2012，180 頁）、孔德眾、張俊民（2013，96 頁），黃艷萍（2016B，125 頁）、胡永鵬（2016A，192 頁）釋。

肩水金關 T3

	妻大女櫟得當富〔4〕里成虞〔5〕，年廿六	
	子小女侯〔6〕，年一歲	車二兩
橐他通望〔1〕隧長成襃〔2〕	弟婦孟君〔7〕，年十五	用牛二頭
建平三年正月家屬符〔3〕	弟婦君始〔8〕，年廿四	馬一匹
	小女請卿〔9〕，年二歲	
	弟婦君給〔10〕，年廿五	73EJT3：89

【校釋】

第四行「正」原作「五」，李燁、張顯成（2015）釋。第五行「請卿」原作「護憚」，姚磊（2016A2）、（2018E，107 頁）釋。

【集注】

〔1〕通望：隧名。

〔2〕成襃：人名，為博望隧長。

〔3〕家屬符：陳直（2009，45 頁）：為家屬所用之符，僅記用符人名、籍貫、年月，不記符齒號數，不分左右，其過關津之作用則相同。

　　袁延勝（2014，225 頁）：秦漢時期的「家屬」是一個以近親血緣為紐帶的稱謂，它包括父母、妻子、兄弟、妹妹，以及嫂嫂、弟媳、侄兒、侄女等成員。肩水金關漢簡「家屬符」中記載的家庭，是一個「臨時家庭」，並非戶籍意義上的一戶。「家屬符」上記載的「弟婦」「兄妻」等近親屬，可能與不少到邊塞的「從者」「私從者」「葆」等人群一樣，是為漢代邊塞吏卒的工作、生活服務的特殊人群。

　　黃艷萍（2015A，78 頁）：西北漢簡中的家屬出入符特點鮮明，與「普通出入符」及「卒家屬廩食名籍」存在著聯繫與區別，目前所見僅候史、候長、隧長、亭長等邊吏人員的家屬可擁有家屬出入符，不見普通士卒家屬出入符。相關家屬名籍的統計結果顯示，西漢中晚期的漢代邊境家庭結構以核心家庭結構為主、聯合家庭結構為輔，前人研究出的漢代典型「五口之家」模式在西北漢簡所反映的家庭結構中體現不明顯，「四口之家」是主導。

　　魏學宏、侯宗輝（2017，110 頁）：金關漢簡「家屬簡」中涉及到的戍吏的「家屬」，除其父母、配偶、子女外，還有兄、嫂、弟、弟婦、妹妹、兒媳、侄子、侄媳、侄孫、侄孫女、孫子、孫女、女婿及其外孫子女等。可見漢代的「家屬」是以血緣、婚姻關係為紐帶而構成的一張社會關係網絡，其成員比較複雜，是一個範圍較廣，概念較為寬鬆的語詞。

　　劉國勝、馮西西（2020，256 頁）：漢代的「家屬」是一個相對較為寬泛的概念。「家屬」並不局限在戶籍所規範的家庭內，也不拘泥於血緣、姻親關係。「屬」有隸屬之義，與戶主或家族長相對，一般不將戶主、家族長稱作是其他家庭成員的家屬。漢代「家屬」可以包含不同戶籍的親屬，也可包含與戶主或家族長存在特定關係而一起生活的彼此無血緣、婚姻關係之人。漢代「家屬」還可包括奴婢。

　　今按，諸說多是。家屬符為邊塞官吏的家屬人員出入關門所用之符，其家屬概念較廣，可包括眾多人員。

〔4〕當富：里名，屬觻得縣。

〔5〕成虞：人名，為成襃妻。

〔6〕侯：人名，為成襃女。

〔7〕孟君：人名，為成襃弟婦。

〔8〕君始：人名，為成襃弟婦。

〔9〕請卿：人名，為成襃女。

〔10〕君給：人名，為成襃弟婦。

肩水金關 T5

□舍妻☒

肩水橐他累山〔1〕亭長□舍

子小男☒

73EJT5：16

【集注】

〔1〕累山：亭名。

莫當〔1〕隧長童去疾〔2〕妻昭武安漢〔3〕里大女董弟卿〔4〕

橐他

年廿七歲，黑色

73EJT5：78

【校釋】

左半殘缺，右側有刻齒。當是家屬出入符。

【集注】

〔1〕莫當：隧名。

〔2〕童去疾：人名，為莫當隧長。

〔3〕安漢：里名，屬昭武縣。

〔4〕董弟卿：人名，為童去疾妻。

肩水金關 T6

肩水候　　　　　　　候平陵歸□里公大夫☒

　　　　　　　　　大女□□，長七尺……

永光四年正月壬辰〔1〕符（右側有刻齒）

73EJT6：40

【校釋】

「候平陵」的「候」字原作「除」，邢義田（2012，180 頁）釋。該字圖版作 形，雖中部殘泐，但據文義及字形來看，當為「候」字。郭偉濤（2018B）亦釋。

【集注】

〔1〕永光四年正月壬辰：永光，漢元帝劉奭年號。據徐錫祺（1997，1603 頁），永光四年正月辛巳朔，十二日壬辰，為公曆公元前 40 年 2 月 15 日。

後起〔1〕隧長逢尊〔2〕妻居延廣地〔3〕里逢廉〔4〕，年卅五
廣地　子小女君曼〔5〕，年十一歲　　　　　　大車一兩
　　　葆聟〔6〕居延龍起〔7〕里王都〔8〕，年廿二　用馬二匹
　　　　　　　　　　　　　　　　　用牛二（左側有刻齒）
　　　　　　　　　　　　　　　　　　73EJT6：41A
……　　　　　　　　　　　　　　　　73EJT6：41B

【校釋】

邢義田（2012，180 頁）指出該簡牘面上沒有「符」字，但左側有刻齒，刻齒下有剖半之字約五字左右。今按，其說是。該簡 B 面即刻有符齒的左側面。

【集注】

〔1〕後起：隧名。
〔2〕逢尊：人名，為後起隧長。
〔3〕廣地：里名，屬居延縣。
〔4〕逢廉：人名，為逢尊妻。
〔5〕君曼：人名，為逢尊女。
〔6〕葆聟：邢義田（2012，187 頁）：「聟」字不見於《說文》，後世辭書以為係「壻」之俗字。《康熙字典》引《王羲之·如聟帖》：「取卿為女聟。」由此簡可知，聟字早已存在，而且其義應即壻……葆聟之葆，是自睡虎地秦簡出現「葆子」一詞以來，秦漢簡中陸續見到各種被稱為「葆」或「保」的人，應是一種具法律意義的身份……可見「保」或「葆」是指一種身份，與「聟」不連讀成詞。其意為壻某某具「葆」的身份。王都二十二歲應即後起隧長逢尊夫婦的女壻。其所以稱「葆聟」，疑因其女僅十一歲，不及齡，須待十三四而後可嫁。葆既

為動詞，也為名詞；葆者，保也；葆壻，或先定親保其女，或為其女之保。如此，葆聟或指尚未成婚之壻。

今按，其說或是。葆為保證，擔保之義，葆聟指被擔保的女婿。

〔7〕龍起：里名，屬居延縣。

〔8〕王都：人名。

	兄妻屋闌宜眾〔3〕里井君任〔4〕，年廿一	
橐他勇士〔1〕隧長井臨〔2〕	子小男習〔5〕，年七歲	
建平元年家屬符	兄妻君之〔6〕，年廿三	車一兩、用□☒
	子大男義〔7〕，年十	
	子小男馮〔8〕，一歲	

（右側有刻齒）　　　　　　　　　　　　　　　　　　　　　73EJT6：42

【校釋】

第一行「兄」字前原衍「・」號，邢義田（2012，180頁）釋。「闌」原作「蘭」，何茂活（2014D）、（2016C），黃艷萍（2016B，122頁）、（2018，135頁）釋。

【集注】

〔1〕勇士：隧名。

〔2〕井臨：人名，為勇士隧長。

〔3〕宜眾：里名，屬屋蘭縣。

〔4〕井君任：人名，為井臨兄妻。

〔5〕習：人名，為井臨子。

〔6〕君之：人名，為井臨兄妻。

〔7〕義：人名，為井臨子。

〔8〕馮：人名，為井臨子。

☒子男小狗〔1〕年十
☒子女廉〔2〕年十八
☒子女貴〔3〕年六　　　　　　　　　　　　　　　　　　　73EJT6：75

【校釋】

第一行「十」原作「八」，江滿琳（2019，103頁）釋。末行「子」原作「小」，曹方向（2011）釋。

【集注】

〔1〕小狗：人名。

〔2〕廉：人名。

〔3〕貴：人名。

肩水金關 T7

入麥小石卅石〔1〕　三月乙酉，宋少翁〔2〕受張功〔3〕（左側有刻齒四）

73EJT7：15

【集注】

〔1〕入麥小石卅石：胡平生（1992，151 頁）：根據木簡刻齒位置作一綜合的分析，上述「書兩札，刻其側」的契券，契刻的方法大約有兩種：(1)分別將寫好「出」「入」內容的兩札正面相合或背相合，然後在其左側或右側刻出契口，用這種方法獲得的刻齒，「出」「入」兩札正好相反，即如果「出」字簡的刻齒在左側，「入」字簡的刻齒便恰在右側。(2)「出」「入」兩札重疊放置，「出」字簡的背面疊壓在「入」字簡的正面上，然後在其左側或右側刻出契口，用這種方法獲得的刻齒，「出」「入」兩札在同一側面。最初我們曾懷疑「出」「入」兩札的刻齒在左、在右同左券、右券有關，現在看來並非如此，「出入」兩札的刻齒方位似並無規律。

籾山明（1998，157～160 頁）：假如從符或刻券類推的話，可以想見刻齒是合符的記號。出入錢穀衣物簡，是在金錢、物品授受之時，給予者與受收者一道製作的，為了將來出現需要驗證的情形而作為證據的剖分符。正因如此，這一類簡，不是簿籍，而是券的一種……經過這樣的對照，特定形態的刻齒用以表示如下特定的基本數字，便自然明了。

〔彡〕＝五千或千

〔ㄱ〕＝百

〔ㄥ〕＝五十

〔〉〕＝十

〔-〕＝一

籾山明（1998，162 頁）：也就是說，刻齒的形狀與基本的數字之間存在著這樣的對應關係：

〔＝〕＝五

〔-〕＝一

因此可以確認，敦煌漢簡的刻齒同居延漢簡一樣通過組合基本的數字，表示簡文所記載的數值。

邢義田（2012，188 頁）：此簡左側有等距，保持完整「〉」形的刻齒四個。日本學者籾山明曾指出刻齒代表數字，「〉」代表「十」。此簡內容涉及麥小石卌石，正符合刻齒數和代表的意義，正可以證實籾山氏之說。

今按，諸說是。關於刻齒所代表的數字，籾山明所論較詳，其結論可信。

〔3〕宋少翁：人名。

〔2〕張功：人名。

四月己□☑（右側有刻齒）　　　　　　　　　　　73EJT7：110

橐佗吞胡〔1〕隧　　　子男□☑
永光二年正月庚午　　子小女□☑
　　　　　　　　　　子男□☑　　　　　　　　73EJT7：128

【校釋】

第一行「吞胡」原未釋，何茂活（2014C）、（2016A），郭偉濤（2019A，131 頁）、（2019B，80 頁）補。

【集注】

〔1〕吞胡：隧名。

肩水金關 T9

居延守右尉游徼安故〔1〕里公乘樂禹〔2〕，年卅、長七尺五寸　　同〔3〕　　軺車
一乘、用馬一匹　　□☑　　　　　　　　　　　　　73EJT9：1

【集注】

〔1〕安故：里名。

〔2〕樂禹：人名，為居延守右尉游徼。

〔3〕同：胡平生（1992，155 頁）：出入「合同」券書。原為一札，右、左兩半分別書寫出、入事項，中有一「同」字或「合同」二字，經主管官吏及付受雙方簽名後從中剖為二券，出物一方持右券，入物一方持左券。如今後發生矛盾爭執，「合同」以為符驗。

　　　　邢義田（2012，189 頁）：簡左側有一較大半剖的「同」字……據胡平生研究，這應是一剖兩半的合同文書。

　　　　今按，諸說是。

☑七年閏月甲辰，金關與☑

☑第一至千，左居官，右移金☑　　　　　　　　　　　　　　　73EJT9：10

【校釋】

　　　　第一行「與」原作「塞」，胡永鵬（2015，28 頁）、（2016A，96 頁）釋。又關於該簡年代，邢義田（2012，189～190 頁）指出年月日完全相同的符見居延簡，可證此符簡也應屬始元七年。此外，羅見今、關守義（2013），黃艷萍（2014A，120頁），胡永鵬（2016A，96 頁）等亦認為簡屬始元七年（前 80）。

☑　黑色　同　十二月□☑　　　　　　　　　　　　　　　　　73EJT9：21

五鳳四年八月庚戌〔1〕　亭長利主〔3〕妻觻得定國〔4〕里司馬服〔5〕，年卅二歲

橐他石南〔2〕亭長符　　子小女自為〔6〕，年六歲　皆黑色

　　　　　　　　　　　　　　　　　入出止〔7〕（左側有刻齒）

　　　　　　　　　　　　　　　　　　　　　　　　　　　　　73EJT9：87

【集注】

〔1〕五鳳四年八月庚戌：五鳳，漢宣帝劉詢年號。據徐錫祺（1997，1576 頁），五鳳四年八月己亥朔，十二日庚戌，為公曆公元前 54 年 10 月 15 日。

〔2〕石南：亭名。

〔3〕利主：汪受寬（2014，128 頁）：名利主的亭長、其三十二歲的妻子及六歲的女兒都是黑膚色，不能排除夫婦家族的祖先皆來自異域之黑種人的可能。

　　　　　今按，其說恐非是。利主為石南亭長名，黑色為風吹日曬形成之膚色。

〔4〕定國：里名，屬觻得縣。

〔5〕司馬服：人名，為利主妻。

〔6〕自為：人名，為利主女。

〔7〕入出止：藤田勝久（2014，609 頁）：推測這是「往來者入、再出者（作用）終」的意思，表示經過金關的核校，符已經用畢的意思。

　　　　　今按，其說或是。入出止或是說入關又出關之後符則不再用。

☑橐他通道亭長張譚〔1〕符　　妻大女鑠得安☐　　☑

☑□光二年……　　　　　　弟大女…………　　☑　　　　　73EJT9：275

【校釋】

　　第一行「通道」原作「聖宜」，李迎春（2019A，263 頁）作「通道」。其中「聖」字何茂活（2014D）、（2016C）改釋「恒」。今按，該兩字分別作 ▨、▨ 形，據字形和簡文書寫風格來看，釋「通道」可信。

　　又第二行「弟」字作 ▨ 形，明顯非「弟」字，當存疑。「光」前一字李迎春（2019A，263 頁）認為是「永」。今按，說是，但圖版幾不存，當從整理者釋。

【集注】

〔1〕張譚：人名，為亭長。

☑　二月廿八日辛未□☑　　　　　　　　　　　　73EJT9：325

【校釋】

　　該簡右側有刻齒三。該簡年代，黃艷萍（2014A，120 頁）認為是初元五年（前 44），說當是。

☑同　□六月己未□入
　　車一兩、馬一匹　　　　　　　　　　　　　　73EJT9：347

肩水金關 T10

　　博望〔1〕隧長孫道得〔2〕子女居延平里〔3〕孫女〔4〕，年十二歲
廣地
　　長五尺、黑色　　　　　　　　　　　　　　　73EJT10：201

【集注】

〔1〕博望：隧名。

〔2〕孫道得：人名，為博望隧長。

〔3〕平里：里名，屬居延縣。

〔4〕孫女：似為人名，孫道得之女。

☑癸卯，居延與☑

☑居官，右移金☑　　　　　　　　　　　　　　　73EJT10：334

【校釋】

　　姚磊（2017I1）認為該簡時間為「元鳳二年二月癸卯」。今按，其說或是。

☑　黑色　☑
☑　同　☑　　　　　　　　　　　　　　　　　　73EJT10：393

肩水金關 T11

☑　妻大女鰈得安定〔1〕里李□，年十九歲
☑　子小男□，年三歲
☑　……出　　　　　　　　　　　　　　　　　　73EJT11：24

【校釋】

　　末行「……出」姚磊（2018A3）釋作「皆黑色」。今按，釋可從，但字迹磨滅不可辨識，暫從整理者釋。

【集注】

〔1〕安定：里名，屬鰈得縣。

肩水金關 T21

騂北亭長成歐〔1〕與金關為家室出入符，從者鰈得□□里孫偃〔2〕
　　　　　　　　　　　　從者鰈得□□里宣□
　　　　　　　　　　　　……　　　　　　　　73EJT21：117

【集注】

〔1〕成歐：人名，為騂北亭長。
〔2〕孫偃：人名，為從者。

橐佗野馬〔1〕隧吏妻子與金關關門為出入符　　　73EJT21：136

【集注】

〔1〕野馬：隧名。

出麥大石□廿八石二斗　元鳳四年十一月☑（左側有刻齒）　73EJT21：140A

甲反　　☑　　　　　　　　　　　　　　　　　　73EJT21：140B

【校釋】

　　A 面未釋字胡永鵬（2013）、（2014A，236 頁）、（2016A，159 頁）釋「千」。今按，補釋或可從，但該字圖版磨滅不能確知，當從整理者釋。

元鳳二年二月癸卯〔1〕，居延與金關為出☑

……☑　　　　　　　　　　　　　　　　　　　　　73EJT21：160

【集注】

〔1〕元鳳二年二月癸卯：元鳳，漢昭帝劉弗陵年號。據徐錫祺（1997，1525 頁），
　　　元鳳二年二月丁酉朔，七日癸卯，為公曆公元前 79 年 3 月 23 日。

入東部卒閣錢萬二千　　建平☑（左側有刻齒）　　　73EJT21：206A
入東二千　　　☑　　　　　　　　　　　　　　　　73EJT21：206B
本始二年五月乙酉朔庚☑（左側有刻齒）　　　　　　73EJT21：235

肩水金關 T22

　　　　　後騂北亭長劍一、斧一
出斧六枚　　　　　　　　　五鳳二年四月癸朔己丑〔1〕，平樂〔2〕隧長遂〔3〕
　　　　　　　　　　　　　付士吏井卿　　☑（左側有刻齒）
　　　　　　　　　　　　　　　　　　　　　　　　　73EJT22：34

【校釋】

　　「癸朔」之間周艷濤（2013）、黃艷萍（2014B，192 頁）認為原簡脫「未」字。今按，說是，五鳳二年四月癸未朔，原簡書寫時脫漏。

【集注】

〔1〕五鳳二年四月癸朔己丑：五鳳，漢宣帝劉詢年號。據徐錫祺（1997，1571 頁），
　　　五鳳二年四月癸未朔，七日己丑，為公曆公元前 56 年 5 月 7 日。
〔2〕平樂：隧名。
〔3〕遂：人名，為平樂隧長。

元鳳五年三月己卯朔辛巳〔1〕，將轉第四☑（右側有刻齒）　　73EJT22：67

【集注】

〔1〕元鳳五年三月己卯朔辛巳：元鳳，漢昭帝劉弗陵年號。據徐錫祺（1997，1531
　　頁），元鳳五年三月己卯朔，三日辛巳，為公曆公元前 76 年 4 月 14 日。

元鳳二年二月癸卯，居延與金☑

千，左居官、右移金關□□□□☑（右側有刻齒）　　　　　　　　73EJT22：84

橐佗候官與肩水金關為吏妻子葆庸出入符，齒十，從一

至百。左居官、右移金關〔1〕，符合以從事　　☑（右側有刻齒）

　　　　　　　　　　　　　　　　　　　　　　　　　　　　　73EJT22：99

【集注】

〔1〕左居官、右移金關：袁延勝（2014，226 頁）：應為橐佗候官與肩水金關共同
　　製作、頒發的。「左居官，右移金關」一語，表明出入金關關卡的符，左半部
　　留在橐佗候官，右半部在肩水金關處。「齒十，從第一至百」，說明製作的出入
　　金關的「符」還是不少的，多達上百枚。

　　　　郭偉濤（2018B，106 頁）：所謂「左居官右移金關」只是說一半放在製作
　　機構，一半放在金關，實際行用中並不區別左右。

　　　　今按，諸說多是。該簡中「官」無疑指橐佗候官。此外，漢簡中「左居官、
　　右移金關」中的「官」還常常指代「居延」。李迎春（2019A，255 頁）認為其
　　中的「居延」很大可能是「居延縣」，當然如果考慮到居延都尉府並不僅是軍
　　政機構，也會管轄居延縣、具有民政職能的話，也可以將「居延」理解為「居
　　延都尉府」。但即使將「居延」理解為「居延都尉府」，也不能將「左居官」之
　　「官」僅理解為居延都尉府下屬候官。這個「官」應是對機構的泛稱，考慮到
　　申請出六寸符需要便捷性，則很可能是以居延縣為主的居延都尉府各下屬機構。

　　　　其說當是，在「左居官、右移金關」這句話中，「官」往往只是對機構的
　　泛稱。又郭偉濤認為實際行用中並不區別左右則恐不妥。

肩水金關 T23

　　　　　　與卒子光雜

☑□莊遂　　　　　　　　貰賣皂☑

　　　　　……　　　　　　　　　　　　　　　　　　73EJT23：614+687

【校釋】

　　楊小亮（2014A，307 頁）綴。又該簡右側似有刻齒。

　　　累山〔1〕亭長楊親〔2〕妻、居延肩水〔3〕里召眇〔4〕，年卅

……

　　　子男□，年十四　大車一兩　　　　　　　　　73EJT23：763

【校釋】

　　第一行「妻」原作「堯」，姚磊（2017C3）、（2018E，115 頁）釋。又第二行未釋字姚磊（2018E，115 頁）補釋「橐他」。今按，補釋可信，但所補字圖版殘損，僅存一點墨迹，當從整理者釋。

【集注】

〔1〕累山：亭名。

〔2〕楊親：人名，為累山亭長。

〔3〕肩水：里名，屬居延縣。

〔4〕召眇：人名，為楊親妻。

肩水金關 T24

橐他候官與肩水金關為吏妻子葆庸出入符，齒十，

從第一至百。左居官、右移金關，葆合以從事。　　第卅一（左側有刻齒）

　　　　　　　　　　　　　　　　　　　　　　　73EJT24：19

建始二年七月丙戌朔壬寅〔1〕，觻得□佗里秦俠君〔2〕貰買沙頭〔3〕戍卒梁國

下邑水陽〔4〕里孫忠〔5〕布，值□▨（右側有刻齒）　　73EJT24：28

【校釋】

　　「梁」原作「粱」，黃艷萍（2016B，122 頁）、（2018，135 頁）釋。

【集注】

〔1〕建始二年七月丙戌朔壬寅：建始，漢成帝劉驁年號。據徐錫祺（1997，1622
　　頁），建始二年七月丙戌朔，十七日壬寅，為公曆公元前 31 年 9 月 6 日。

〔2〕秦俠君：人名。

〔3〕沙頭：亭名。

〔4〕水陽：里名，屬下邑縣。

〔5〕孫忠：人名。

　　候正月二人，一人任憙物

入　候四月二人　　　　　　元康二年六月戊戌朔辛亥〔1〕，肩水司馬令史□□

　　候五月一人□　葉□

　　候六月一人　　黃樂（右側有刻齒）

　　　　　　　　　　　　　　　　　　73EJT24：135A+128+73EJT30：167A

□光連　　·馮延年〔2〕六月連　　☒　　　73EJT24：135B+73EJT30：167B

【校釋】

　　簡73EJT24：135+128姚磊（2017J6）綴，姚磊（2018A6）又綴簡73EJT30：167。A面第一行「物」原作「掾」，第三行「葉」原未釋，末行「候」原作「/□」，均姚磊（2017J6）綴合後釋，其中「物」姚磊（2017J6）從張俊民釋。

【集注】

〔1〕元康二年六月戊戌朔辛亥：元康，漢宣帝劉詢年號。據徐錫祺（1997，1555頁），元康二年六月戊戌朔，十四日辛亥，為公曆公元前64年7月10日。

〔2〕馮延年：人名。

☒□冀〔1〕陰利〔2〕里長廣君〔3〕大婢財〔4〕，賈錢万二千〔5〕，錢畢已，節有固疾不當賣而賣，逐賈錢　　　　　　　　　　　73EJT24：275A

☒□券約，沽酒旁二斗〔6〕　　　　　　　　　　73EJT24：275B

【校釋】

　　有一刻齒，位於A面左側，在B面為右側。

【集注】

〔1〕冀：天水郡屬縣。《漢書·地理志下》：「冀，《禹貢》朱圉山在縣南梧中聚。莽曰冀治。」

〔2〕陰利：里名，屬冀縣。

〔3〕長廣君：人名。

〔4〕財：人名，為大婢。

〔5〕賈錢萬二千：籾山明（1998，166～167頁）：原則上契約文書的刻齒表示了簡文的數值。在賣主和買主雙方的券書上施加了與價格相對應的刻齒，與出入錢

穀衣物簡一樣，具有防止竄改的效果……契約文書也和出入錢穀衣物簡相同，以刻齒表示數值，首先施加刻齒，然後一剖為二，按照「刻齒→正背剖分」的技法作成。

今按，其說是。關於刻齒所代表的數值，參簡 73EJT7：15 集注。該簡殘斷，刻齒不全。

〔6〕沽酒旁二斗：羅振玉、王國維（1993，193 頁）：在旁某某知卷，即今賣券中之中人。吾黃武四年浩宗買地券云：「知卷者雒陽金□子。」羅君以「卷」為「券」之別搆字，引《莊子・庚桑楚》釋文為證，其說甚是。漢時又謂之旁人，黃縣丁氏藏孫成買地券末云：「時旁人樊永、張義孫、孫龍、異姓樊元祖皆知卷約，沽酒各半。」又浭陽端氏藏漢建除玉買地券云：「時知卷約趙滿、何非，沽酒各二斗。」

勞榦（1960，6 頁）：從諸條觀之，諸契券可見者凡有數事。（一）凡賣物者常為內地人，買物者常為郵塞之吏，而郵塞吏以名籍觀之，率為邊郡人。（二）官衣賦與私人者，亦得售賣。（三）賣衣物亦署券，且有人保證之。（四）保證者酬質為沽酒二斗，二斗之酒價為十錢。前二事已於前文論及，今更論其後二者。按署券之事，必其物之罕有者始為之。買衣持券，若在後世事不恆有。然據諸簡所記多為貰賣。其券雖為買衣，其實同於借債。故其券當由賣者持之，是亦不必致疑於一衣之微而沽酒書券矣。

陳直（2009，92～93 頁）：旁人即後代所稱之中人。任者即後代所稱之保人，錢畢已即後代契約文中之錢已交清，在東漢時稱為錢即畢……旁人估酒，等於後代俗稱之酒錢，仍以現錢給與也。

徐樂堯（1989，55 頁）：「旁人」，即後世契約中的中人。

李均明（1998D，34 頁）：故凡債券皆需寫明債務人與債權人的職務姓名、債務關係成立的時間、債的標的物及價格、清償的期限等。為強化債券的憑證作用，大都署有擔保人「任者」及見證人「旁人」，並沽酒酬勞之。

李均明（2009，438 頁）：債券所見有任者和旁人，二者當有區別。任者是擔保人、保證人。《周禮・大司農》：「使之相保」，鄭玄注：「猶任也。」《漢書・鄭當時傳》：「當時為大司農，任人賓客就。」而旁人僅僅是見證人。《漢書・陳遵傳》：「妻君寧時在旁，知狀。」師古曰：「云妻知負博之狀者。」

今按，諸說多是。沽酒旁二斗即買酒二斗給見證人作酬勞。「旁」即旁人，其應當如李均明所說和「任者」不同。任者為保證人，旁人為見證人。

望遠〔1〕隧長奴子小女居延城勢〔2〕里郭婢〔3〕，年十歲

廣地

　　長五尺、黑色　　　　　　　　　　　　　　　　73EJT24：296

【校釋】

「廣地」原作「四年」，郭偉濤（2017D，218 頁）、（2019，88 頁）釋。

【集注】

〔1〕望遠：隧名。

〔2〕城勢：里名，屬居延縣。

〔3〕郭婢：人名。

　　妻大女昭〔1〕，年☐

☐☐

　　弟齊〔2〕，年廿☐　　　　　　　　　　　　　73EJT24：501

【集注】

〔1〕昭：人名。

〔2〕齊：人名。

地節四年八月十日〔1〕，長安平都〔2〕里李子宣☐　　73EJT24：566A

知責家中見在者〔3〕，處☐☐☐☐　　　　　　　73EJT24：566B

【校釋】

有兩刻齒，位於 A 面左側，在 B 面為右側。

【集注】

〔1〕地節四年八月十日：地節，漢宣帝劉詢年號。據徐錫祺（1997，1552 頁），地
　　節四年八月己酉朔，十日戊午，為公曆公元前 66 年 9 月 26 日。

〔2〕平都：里名，屬長安縣。

〔3〕知責家中見在者：于豪亮（1983，89 頁）：「知責家中見在者」，知是繼續的意
　　思。《墨子・經上》：「知，接也。」《莊子・庚桑楚》：「知者，接也。」《儀禮・
　　聘禮》「接聞命」注：「接猶繼也。」《戰國策・秦策》：「故使工人為木材以接
　　乎？」《楚辭・哀郢》：「憂與愁其相接。」接亦訓為續。《廣雅・釋詁二》云：
　　「接，續也。」知訓為接，接訓為續，則知亦訓為續。

中國簡牘集成編輯委員會（2001E，170 頁）：漢代法律用語之一。知，繼續、接續。其義為：如果負債當事人死亡，其債務由其家中現有人員承擔。

徐世虹（2007，233 頁）：在簡牘所見契約文書中，時可見「旁人某某知券」「在旁某某知券」之語，這表明整個訂約過程由買賣雙方及證人（知者）共同完成。由「知券」推知，「知責」或亦指對相關債務關係的知情者。人們在契約中約定，當債務人死亡或長期不在償債地時，債務人家中現有償債地的成員被視為債務知情者，當由其替債務人承擔償還義務。

今按，諸說是。知責家中見在者是說假如負債人死亡等，則繼續向負債者家中現有人員索取債務。

肩水金關 T26

元鳳二年二月癸卯〔1〕，居延與金關為出入六寸符〔2〕，券齒百〔3〕，
從第一至千。左居官、右移金關，符合以從事。第九百五十九　73EJT26：16

【集注】

〔1〕元鳳二年二月癸卯：元鳳，漢昭帝劉弗陵年號。據徐錫祺（1997，1525 頁），元鳳二年二月丁酉朔，七日癸卯，為公曆公元前 79 年 3 月 23 日。

〔2〕出入六寸符：勞榦（1960，4 頁）：傳者，就過關之事而言；符者，就傳上可以相合之證信而言。故在終軍傳中言復返之時更以為傳之事，則稱傳；就驗傳之手續而言，則稱合符。合符者，不論以裂帛為繻，或裂竹為傳，左右兩部之中皆有墨畫或契刻，驗時相合為信……塞為工事關為塞之門戶。就一般人所思索者而言，塞既為國境防務所在，關則當為國境之入口。故出關即出國，入關即入國，關外不當更有政治區畫。究其實則不盡然，出國固是出關，而出關則不定是出國，蓋國境之中尚有關存在也。其在漢世，函谷關，嶢關，武關，散關等，出關仍為中國，原不必論，就塞上而言，肩水金關即在居延城與張掖郡治之間，出肩水金關，乃到居延。凡位在居延城者不論公私，必有符傳，乃可出入。

陳直（2009，45 頁）：為吏民所用之符，不記人名，僅記年月，記符齒，記號數，記左右。

藤田勝久（2007，444 頁）：「符」以六寸（約十三・八釐米）為基準，作為合兩塊一起的符契，側面有切痕。一塊由關所持有，另一塊交給通行者，回來時進行確認。因此符被認為是在一處地方使用的通行證。

李均明（2009，434 頁）：出入符只署文號不署人名，表明它不僅供一人長期使用，而是需要時發放給某人，用完歸還，可反復再使用。

藤田勝久（2014，614 頁）：出入符是居延縣發放給金關，要從居延地區通過肩水金關、進入肩水地區的證明。在金關，先將發給的有連續號碼的符，與通行者的符進行校驗確認，而通行者在回到居延以後符被回收，以便反復利用。

今按，諸說多是。出入六寸符為吏民出入關所用之符，有刻齒及編號，刻齒亦表示具體數目。其分為兩半，左半留在官府，右半移送關所。使用者在官府申請得到，至關口合符以出入。

〔3〕券齒百：敦煌縣文化館（1984，6 頁）：由警候符可見，符券的刻齒，是用來合符以示信的。正如《說文段注》所云：「兩家各一之書牘，分刻其旁，使可兩合以為信，故契券者有左右之名。」但從警候符刻齒中所書的「百」字來看，合符當需合此「百」字，才能取信。故知書「齒百」的符，均以齒與「百」字為合符標誌，並非符有百齒。至於為什麼採用「百」字來合符，「百」字尚有哪些更深更廣的含義，則有待於進一步探討。

籾山明（1998，163 頁）：「券齒百」的問題，根據本章所得到的認識，可以作如下的解釋，即：寫有這幾個字的符，刻齒的形態都是「ㄱ」，在出入錢穀衣物簡里無一例外表示「百」的齒形。如果這一點成立，「券齒百」不就是說刻齒的形狀是「百」嗎？換言之，「券齒百」的意思是說，「這個符帶著表示『百』的形狀的刻齒。」

今按，籾山明所說甚是。關於刻齒所代表的數值，可參簡 73EJT7：15 集注。該簡刻齒正作「ㄱ」形，可證其說。敦煌縣文化館提到的「警候符」見於敦煌漢簡 1393：「■平望青堆隧驚候符，左券，齒百。」其刻齒在右，亦作「ㄱ」形，表示數值「百」。敦煌縣文化館認為「齒百」是指警候符刻齒中書有「百」字，合符即合齒與「百」字，這種說法看來是不正確的。

肩水廣地候長李勝之〔1〕與金關　　從者綏彌縣常利〔2〕里勝延年〔3〕
為出入符，牛車二兩，符第百　　從者綏彌縣敬老〔4〕里苗彊〔5〕

73EJT26：27

【集注】

〔1〕李勝之：人名，為候長。

〔2〕常利：里名，屬綏彌縣。

〔3〕勝延年：人名，為從者。

〔4〕敬老：里名，屬綏彌縣。

〔5〕苗彊：人名，為從者。

本始元年十一月戊子朔壬辰〔1〕，□□君貰賣戍卒□□□☑（左側有刻齒）

73EJT26：213

【集注】

〔1〕本始元年十一月戊子朔壬辰：本始，漢宣帝劉詢年號。據徐錫祺（1997，1538
頁），本始元年十一月戊子朔，五日壬辰，為公曆公元前 73 年 12 月 5 日。

肩水金關 T27

☑□里黃□，貰賣□□資□里高賞〔1〕復緯一匹，賈□☑
☑知券齒，古酒旁二斗卪　☑（左側有刻齒）　　　　73EJT27：4

【集注】

〔1〕高賞：人名。

初元二年　　戍卒淮陽國陳莫褹〔1〕里許溫舒〔2〕，年卅一
正月　　　　戍卒淮陽國陳大宰〔3〕里陳山〔4〕，年卅一
驛北亭　　　戍卒淮陽國陳桐陵〔5〕里夏寄〔6〕，年廿四
戍卒符　　　　　　　　　　　　　　　　　　　73EJT27：48

【校釋】

第一行「溫」原作「湛」，胡永鵬（2016A，264 頁）釋。

【集注】

〔1〕莫褹：里名，屬陳縣。

〔2〕許溫舒：人名，為戍卒。

〔3〕大宰：里名，屬陳縣。

〔4〕陳山：人名，為戍卒。

〔5〕桐陵：里名，屬陳縣。

〔6〕夏寄：人名，為戍卒。

肩水金關 T28

橐他上利〔1〕隧長家屬　　子小男恭〔3〕，年六歲☑
建始四年正月己丑〔2〕符　子小女君㑊〔4〕，年四歲☑
　　　　　　　　　　　　子小男相〔5〕，年二歲　☑　　　　73EJT28：9A
金關　☑　　　　　　　　　　　　　　　　　　　　　　73EJT28：9B

【集注】

〔1〕上利：隧名。

〔2〕建始四年正月己丑：建始，漢成帝劉驁年號。據徐錫祺（1997，1625 頁），建
　　始四年正月辛丑即公曆公元前 29 年 2 月 27 日。

〔3〕恭：人名。

〔4〕君㑊：人名。

〔5〕相：人名。

地節二年五月壬申〔1〕，張掖大守客大原中都里〔2〕邯鄲倀〔3〕占田居延，
與金關為出入符，符齒第一　小奴富主〔4〕　　　　　　　　73EJT28：12

【校釋】

　　首行「田」原作「至」，張俊民（2015A）釋。

【集注】

〔1〕地節二年五月壬申：地節，漢宣帝劉詢年號。據徐錫祺（1997，1547 頁），地
　　節二年五月壬戌朔，十一日壬申，為公曆公元前 68 年 6 月 22 日。

〔2〕中都里：趙海龍（2014D）：另外根據「太原中都里」後面的「邯鄲」二字，筆
　　者推測或許還有一種可能，即「里」字或在「邯鄲」後面，這樣簡文中的地名
　　信息則為太原中都邯鄲里，這樣的解釋或許更為合理。
　　　　今按，其說恐非。簡文漫漶不清，或釋讀有誤。

〔3〕邯鄲倀：人名，邯鄲為複姓。

〔4〕富主：人名，為小奴。

入肩水尉丞□□錢六人　甘露……己酉……☑（右側有刻齒）

　　　　　　　　　　　　　　　　　　　　　　　　　73EJT28：98

肩水金關 T29

博望〔1〕隧長孫道得〔2〕妻居延平里〔3〕　　子男□□，年四歲　　☒

廣地

孫可枲〔4〕，年廿七歲、長七尺、黑色　　　　子小男璜□，年二歲　　☒

73EJT29：43+33

【校釋】

姚磊（2016I2）綴。又該簡右側有刻齒。

【集注】

〔1〕博望：隧名。

〔2〕孫道得：人名，為博望隧長。

〔3〕平里：里名，屬居延縣。

〔4〕孫可枲：人名，為孫道得妻。

肩水金關 T30

隧長奉〔3〕妻、觻得常樂〔4〕里大女葉中孫〔5〕，年廿
五歲

初元四年正月癸酉〔1〕　子小女憲〔6〕，年五歲

橐佗殄虜〔2〕隧長符　　子小男忠〔7〕，年一歲　·皆黑色

奉弟輔〔8〕，年十七歲

奉弟婦婢〔9〕，年十六歲　　　　73EJT30：62

【校釋】

第二行「憲」原作「建」。該字作人名漢簡屢見，此統一作「憲」。

【集注】

〔1〕初元四年正月癸酉：初元，漢元帝劉奭年號。據徐錫祺（1997，1593 頁），初
元四年正月辛亥朔，二十三日癸酉，為公曆公元前 45 年 2 月 23 日。

〔2〕殄虜：隧名。

〔3〕奉：人名，為殄虜隧長。

〔4〕常樂：里名，屬觻得縣。

〔5〕葉中孫：人名，為奉妻。

〔6〕寁：人名，為奉女。

〔7〕忠：人名，為奉子。

〔8〕輔：人名，為奉弟。

〔9〕婢：人名，為奉弟婦。

☑□與金關為出入六寸☑

☑□合以從事，第□☑   73EJT30：76

肩水金關 T31

               兄子昭武萬歲〔4〕里☑

初元四年正月庚申〔1〕   □妻㻩得□☑

橐他駿馬〔2〕亭長孫猛〔3〕符   子小女□耳，年☑

               子小男建□☑   73EJT31：40

【校釋】

     第三行「駿」原作「馳」，黃艷萍（2016B，137 頁），郭偉濤（2018B，122 頁）、（2019B，68 頁）釋。

【集注】

〔1〕初元四年正月庚申：初元，漢元帝劉奭年號。據徐錫祺（1997，1593 頁），初元四年正月辛亥朔，十日庚申，為公曆公元前 45 年 2 月 10 日。

〔2〕駿馬：亭名。

〔3〕孫猛：人名，為馳馬亭長。

〔4〕萬歲：里名，屬昭武縣。

肩水金關 T33

☑□卒瓜錢百   ☑（竹簡）   73EJT33：15

【校釋】

     未釋字秦鳳鶴（2018B，530 頁）釋作「圈」。今按，該字圖版作█形，釋「圈」於字形及文義均有未安，當暫存疑。又該簡右側有刻齒。

肩水金關 T37

　　　　　　　□年十三　用馬二匹
建平四年正月家屬出入盡十二月符

　　　　　　　常，年五歲　　　　　73EJT37：142

橐他置佐昭武便處〔1〕里審長〔2〕　妻大女至〔3〕，年卅五　　牛車一兩
建平二年家屬符　　　　　　　　子小女侯〔4〕，年四　　　用牛四頭
　　　　　　　　　　　　　　　子小男小奴〔5〕，年一歲　73EJT37：175

【集注】

〔1〕便處：里名，屬昭武縣。

〔2〕審長：人名，為置佐。

〔3〕至：人名，為審長妻。

〔4〕侯：人名，為審長女。

〔5〕小奴：人名，為審長子。

橐他□望隧長□□　　　　　　弟大男□□，年□　　牛二頭
建平四年正月家屬出入盡十二月符　弟婦始〔1〕，年廿　　車一兩
　　　　　　　　　　　　　　子小女請卿〔2〕，年三歲　73EJT37：176

【校釋】

　　第三行「請」原作「倩」，姚磊（2016A2）釋。第一行「橐他□望隧長□□」姚磊（2018E，107 頁）補釋作「橐他通望隧長成衰」。今按，補釋可從，但所補文字大部殘佚，僅存少許墨迹，當從整理者釋。

　　又兩「弟」字黃艷萍（2016B，123 頁）、（2018，136 頁）作「第」。今按，該兩字分別作 ![字形]、![字形] 形，據字形當為「第」。但漢簡中「第」「弟」的使用常存在混同的情況，暫從整理者釋。

【集注】

〔1〕婦始：人名。

〔2〕請卿：人名。

......

建平四年正月家屬符，出入盡十二月（上）

   妻大女昭武宜春〔1〕里辛遷〔2〕年廿七　車二兩

   子男詡〔3〕，年九   牛二頭

   子小男黨〔4〕，年七

   子小男□，年二

葆弟昭武宜春里辛昌〔5〕，年廿四歲（下）   73EJT37：687+177

【校釋】

  姚磊（2016F2）、（2017D8，83 頁）綴，下欄第一行「辛」原作「幸」，綴合後釋。又下欄第四行未釋字姚磊（2016F2）、（2017D8，83 頁）釋「級」。今按，補釋或可從，但該字簡文模糊不清，不能確知，暫從整理者釋。又該簡左側有刻齒。

【集注】

〔1〕宜春：里名，屬昭武縣。

〔2〕辛遷：人名。

〔3〕詡：人名。

〔4〕黨：人名。

〔5〕辛昌：人名。

      妻大女陽〔2〕，年廿一　　牛車一兩

橐他□□□□昭武宜春〔1〕里隆永　子小女頃閭〔3〕，年一歲　用牛二頭

          73EJT37：178

【校釋】

  第一行「廿一」原作「卅」，姚磊（2016C3）、（2018E，108 頁）釋。又「隆永」姚磊（2016C3）（2018E，108 頁）認為和簡 73EJT37：761 的「陸永」為同一人，但該簡「隆」既非「隆」，也非「陸」，不妨存疑待考。又「隆」字黃浩波（2017B）釋作「鄂」。今按，該字圖版作 ▨ 形，似非「鄂」字，暫存疑待釋。

  又未釋字姚磊（2016C3）補作「曲河亭長」。今按，補釋可從，但簡文字跡磨滅，不能辨識，暫從整理者釋。

【集注】

〔1〕宜春：里名，屬昭武縣。

〔2〕陽：人名。

〔3〕頃閭：人名。

元康三年廣地吏　　家符不用〔1〕　　　　　　　　　　73EJT37：180+666+879

【校釋】

　　簡 73EJT37：180+666 謝坤（2016C）、（2018，132 頁）綴，謝坤（2017A，73 頁）又綴簡 73EJT37：879。「廣地」原簡 73EJT37：180 作「橐他」，「用」原未釋，均綴合後釋。又姚磊（2018A2）認為 73EJT37：666 與 73EJT37：879 兩簡可綴合，73EJT37：180 號簡則不能與兩簡綴合。今按，似可以綴合。又綴合後簡兩側有對稱刻齒。

【集注】

〔1〕家符不用：謝坤（2017A，73 頁）：「家符不用」似指「廣地吏」出入關時可不必使用家屬符。

　　　姚磊（2018A2）：家屬符為出入憑證，出入關時須出具方能放行，不會單單為「廣地吏」開綠燈。簡文開頭為「元康三年廣地吏」，似為總結元康三年吏家屬符的使用情況，故懷疑「家符不用」是指匯總元康三年沒使用家屬符的廣地吏員情況。

　　　今按，姚說或是。不能確知，待考。

橐他中部候長程忠〔1〕　　　　妻大女鱗得富安□里程昭〔2〕，年廿八

建平四年正月家屬出入盡十二月符　子小女買〔3〕，年八歲

　　　　　　　　　　　　　　　子小女遷〔4〕，年三歲

　　　　　　　　　　　　　　　子小女來卿〔5〕，年二歲

　　　　　　　　　　　　　　　弟小男音〔6〕，年十八

　　　　　　　　　　　　　　　……（上）

小奴滿〔7〕

牛車一兩、用牛二頭

輻車一、用馬二匹（下）　　　　　　　　73EJT37：1528+280+1457

【校釋】

　　簡 73EJT37：1528+280 顏世鉉（2016E）綴，姚磊（2016C9）又綴簡 73EJT37：1457。

【集注】

〔1〕程忠：人名，為中部候長。

〔2〕程昭：人名，為程忠妻。

〔3〕買：人名，為程忠女。

〔4〕遷：人名，為程忠女。

〔5〕來卿：人名，為程忠女。

〔6〕音：人名，為程忠子。

〔7〕滿：人名，為小奴。

子女華置〔3〕，年□☑

橐佗斬首〔1〕隧長桓憲〔2〕

子男□子□☑　　　　　　　　　73EJT37：538

【集注】

〔1〕斬首：隧名。

〔2〕桓憲：人名，為斬首隧長。

〔3〕華置：人名，為桓憲女兒。

建平四年正月家屬符　　☑　　　　　　　　　73EJT37：625

五鳳四年六月戊申〔1〕

橐他故駮〔2〕亭長符（上）

亭長閻得〔3〕葆昭武破胡〔4〕里公乘王延年〔5〕，年廿八歲、長七尺五寸

葆觻得承明〔6〕里大夫王賢〔7〕，年十五歲、長七尺　　　　　皆黑色

葆昭武破胡大女秋〔8〕，年十八歲　　　　　　　　　入出止

（簡左側有一刻齒）（下）　　　　　　　　　73EJT37：1376+656

【校釋】

謝坤（2016C）、（2018，134 頁）綴。

【集注】

〔1〕五鳳四年六月戊申：五鳳，漢宣帝劉詢年號。據徐錫祺（1997，1575 頁），五
鳳四年六月庚子朔，九日戊申，為公曆公元前 54 年 7 月 15 日。

〔2〕故駮：亭名。

〔3〕閻得：人名，為故駮亭長。

〔4〕破胡：里名，屬昭武縣。

〔5〕王延年：人名。

〔6〕承明：里名，屬觻得縣。

〔7〕王賢：人名。

〔8〕秋：人名。

　　　　　　　　妻昭武便處〔3〕里魯請〔4〕，年十九

橐他沙上〔1〕隧長魯欽〔2〕

建平元年正月家屬符（簡右側有一刻齒）　　　　　　73EJT37：754

【集注】

〔1〕沙上：隧名。

〔2〕魯欽：人名，為沙上隧長。

〔3〕便處：里名，屬昭武縣。

〔4〕魯請：人名，為魯欽妻。

　　　　　　　子男臨〔1〕，年十六

建平二年家屬符　子女召〔2〕，年廿；子女青〔3〕，年二歲

　　　　　　　子女驕〔4〕，年十三

　　　　　　　子婦君陽〔5〕，年廿三；子女君乘〔6〕，年八；子男欽〔7〕，

　　　　　　　年三歲（簡左側有一刻齒）　　　　　　73EJT37：755

【集注】

〔1〕臨：人名。

〔2〕召：人名。

〔3〕青：人名。

〔4〕驕：人名。

〔5〕君陽：人名。

〔6〕君乘：人名。

〔7〕欽：人名。

妻大女觻得安成〔3〕里陳自為〔4〕，年卌四
橐他收降〔1〕隧長陳建〔2〕　子小男惲〔5〕，年九歲　車一兩
建平二年正月家屬符　子小女護□，年□□（簡右側有一刻齒）
73EJT37：756

【集注】

〔1〕收降：隧名。

〔2〕陳建：人名，為收降隧長。

〔3〕安成：里名，屬觻得縣。

〔4〕陳自為：人名，為陳建妻。

〔5〕惲：人名，為陳建子。

累下〔1〕隧長張壽王〔2〕子大女來君〔3〕，居延千秋〔4〕里，年十八歲
廣地　長七尺、黑色　子小男長樂〔5〕，年一歲
子小男捐之〔6〕，年七歲
（簡右側有一刻齒）　73EJT37：757

【集注】

〔1〕累下：隧名。

〔2〕張壽王：人名，為累下隧長。

〔3〕來君：人名，為張壽王女。

〔4〕千秋：里名，屬居延縣。

〔5〕長樂：人名，為張壽王子。

〔6〕捐之：人名，為張壽王子。

母昭武平都〔2〕里虞儉〔3〕，年五十
橐他南部候史虞憲〔1〕　妻大女醜〔4〕，年廿五　大車一兩
建平四年正月家屬出入盡十二月符　子小女孫子〔5〕，年七歲　用牛二頭
子小男馮子〔6〕，年四歲　用馬一匹
（簡右側有一刻齒）　73EJT37：758

【集注】

〔1〕虞憲：人名，為南部候史。

〔2〕平都：里名，屬昭武縣。

〔3〕虞儉：人名，為虞憲母。

〔4〕醜：人名，為虞憲妻。

〔5〕孫子：人名，為虞憲女。

〔6〕馮子：人名，為虞憲子。

　　士吏護〔1〕觻得都里〔2〕公乘張徙〔3〕，年卅五歲

廣地

　　長七尺五寸、黑色（簡右側有一刻齒）　　　　　　　73EJT37：759

【集注】

〔1〕護：人名，為廣地士吏。

〔2〕都里：里名，屬觻得縣。

〔3〕張徙：人名。

　　　　　　　　　　　　妻大女陽〔3〕，年廿三　　　車牛一兩

橐他曲河〔1〕亭長昭武宜春〔2〕里　子小女頃闆〔4〕，年三歲　用牛二頭

陸永家屬符（簡右側有一刻齒）　　　　　　　　　73EJT37：761

【校釋】

　　「陸永」姚磊（2016C3）、（2018E，108 頁）認為和簡 73EJT37：178 的「隆永」

為同一人，但「隆」和「陸」均當存疑待考。又「陸」黃浩波（2017B）釋作「鄂」。

今按，該字作 形，似非「鄂」，或當存疑待釋。

【集注】

〔1〕曲河：亭名。

〔2〕宜春：里名，屬昭武縣。

〔3〕陽：人名，為永妻。

〔4〕頃闆：人名，為永女。

　　　　　　　　　　　　妻大女昭武宜眾〔3〕里王辦〔4〕，年五十

橐他石南〔1〕亭長王並〔2〕　　　子男嘉〔5〕，年十一歲

建平四年正月家屬出入盡十二月符　　　　大車一兩

　　　　　　　　　　　　　　　　　　　用牛二頭

　　　　　　　　　　　　　　　　　　　用馬一匹

（簡右側有一刻齒）　　　　　　　　　　　　　73EJT37：762

【集注】

〔1〕石南：亭名。

〔2〕王並：人名，為石南亭長。

〔3〕宜眾：里名，屬昭武縣。

〔4〕王辦：人名，為王並妻。

〔5〕嘉：人名，為王並子。

橐他野馬〔1〕隧長趙何〔2〕　葆妻觻得長壽〔3〕里趙吳〔4〕，年廿七
　　　　　　　　　　　　　　子小女佳〔5〕，年十三
　　　　　　　　　　　　　　子小男章〔6〕，年十一　　　　　73EJT37：846

【集注】

〔1〕野馬：隧名。

〔2〕趙何：人名，為野馬隧長。

〔3〕長壽：里名，屬觻得縣。

〔4〕趙吳：人名，為趙何妻。

〔5〕佳：人名，為趙何女。

〔6〕章：人名，為趙何子。

橐他候史昭武樂成〔1〕里陳襃〔2〕　妻大女陳恩〔3〕，年卅五☒
　　　　　　　　　　　　　　子大男業〔4〕，年十八☒　　　73EJT37：855

【集注】

〔1〕樂成：里名，屬昭武縣。

〔2〕陳襃：人名，為橐他候史。

〔3〕陳恩：人名，為陳襃妻。

〔4〕業：人名，為陳襃子。

橐他駁南〔1〕亭長孫章〔2〕　妻大女觻得壽貴〔3〕里孫遷〔4〕，年廿五
陽朔三年正月家屬符　　　子小男自當〔5〕，年二
　　　　　　　　　　　皆黑色（簡右側有一刻齒）　　73EJT37：1007

【集注】

〔1〕駿南：亭名。

〔2〕孫章：人名，為駿南亭長。

〔3〕壽貴：里名，屬觻得縣。

〔4〕孫遷：人名，為孫章妻。

〔5〕自當：人名，為孫章子。

　　毌患〔1〕隧長安世〔2〕葆居延中宿〔3〕里公乘徐孺〔4〕

廣地

　　年七十歲、長七尺一寸、黑色　　　　　　　　73EJT37：1057A

□金關符　　　　　　　　　　　　　　　　　　73EJT37：1057B

【校釋】

　　姚磊（2016G9）、（2017K，165頁）認為該簡A面與B面在大小寬窄方面並不一致，A面比B面要寬很多，顯然是二支截然不同的簡。今按，姚說恐誤，B面實際上是該簡的側面。該簡左側有刻齒，其下書有文字。

【集注】

〔1〕毌患：隧名。

〔2〕安世：人名，為毌患隧長。

〔3〕中宿：里名，屬居延縣。

〔4〕徐孺：人名。

	母居延屏庭〔3〕里徐都君〔4〕，年五十	
	男弟觻得當富〔5〕里張惲〔6〕，年廿	車二兩
橐他候史氐池千金〔1〕里張彭〔2〕	男弟臨〔7〕，年十八	用牛四頭
建平四年正月家屬符	女弟來侯〔8〕，年廿五	馬三匹
	女弟驕〔9〕，年十五	
	彭妻大女陽〔10〕，年廿五（簡右側有一刻齒）	

　　　　　　　　　　　　　　　　　　　　　　73EJT37：1058

【集注】

〔1〕千金：里名，屬氐池縣。

〔2〕張彭：人名，為橐他候史。

〔3〕屏庭：里名，屬居延縣。

〔4〕徐都君：人名，為張彭母。

〔5〕當富：里名，屬觻得縣。

〔6〕張憚：人名，為張彭弟。

〔7〕臨：人名，為張彭弟。

〔8〕來侯：人名，為張彭妹。

〔9〕驕：人名，為張彭妹。

〔10〕陽：人名，為張彭妻。

橐他通道〔1〕亭長宋捐之〔2〕

永始四年家屬符盡十二月

妻大女觻得常樂〔3〕里宋待君〔4〕，年廿二

子小男自當〔5〕，年九

子小女廉〔6〕，年六（簡左側有一刻齒）

73EJT37：1059

【集注】

〔1〕通道：亭名。

〔2〕宋捐之：人名，為通道亭長。

〔3〕常樂：里名，屬觻得縣。

〔4〕宋待君：人名，為宋捐之妻。

〔5〕自當：人名，為宋捐之子。

〔6〕廉：人名，為宋捐之女。

橐他□□隧……

建平四年家屬符　　　　　　　　　　　　　73EJT37：1112

建平四年正月家屬出入盡十二月☐　　　　　73EJT37：1562

肩水金關 F1

☐張蓋眾　詣府受奉，須定賦籍，前記召金關隧長　☐

☐張蓋眾　俱謁賦奉，記到，趣遣，須以俱遣毀華　☐

☐謁告　候遣吏齎吏受奉券，至今不到，解何　☐（簡左側有一刻齒）

73EJF1：27A

☐官　會癸酉夕，毋留急==　☐　　　　　　73EJF1：27B

元鳳二年二月癸卯〔1〕，居延與金關為出入六寸符，券齒百，從第一至千。左居官、右

移金關，符合以從事。　　第八百九十三（右齒，「居官」二字中間有穿孔）

73EJF1：31

【校釋】

末行「第八百」的「第」原作「齒」，該字作▨形，中部磨滅。「八百九十三」為該符的編號，左「齒八百九十三」於文例不妥。又該簡第一行「第」字作▨形，結合字形和文義來看，其無疑當為「第」字，釋「齒」非是。

【集注】

〔1〕元鳳二年二月癸卯：元鳳，漢昭帝劉弗陵年號。據徐錫祺（1997，1525 頁），

元鳳二年二月丁酉朔，七日癸卯，為公曆公元前 79 年 3 月 23 日。

☐妻大女令〔1〕，年廿二☐

☐☐男，年七歲　☐（削衣）　　　　　　73EJF1：105

【集注】

〔1〕令：人名。

肩水金關 F3

置吏宋吏壽〔1〕　掌廚傳過客驛馬　　　　　73EJF3：343

【校釋】

簡左右側似均有刻齒。

【集注】

〔1〕宋吏壽：人名。

肩水金關 T4H

去盧一，直廿☐☐曹詡取☐☐小白刀一，直十☐　　73EJT4H：24A

……☐　　　　　　　　　　　　　　　　　73EJT4H：24B

【校釋】

該簡 A 面左側有刻齒，在 B 面則位於右側。

肩水金關 73EJD

□□□從史鉼庭〔1〕里法昌〔2〕　大車一兩、用牛一　同　十一月□☑

73EJD：205

【集注】

〔1〕鉼庭：里名。

〔2〕法昌：人名。

官言府急　　☑
請□　　☑

73EJD：222

【校釋】

簡左側有刻齒。

肩水金關 72EJC　73EJC

廣地　……　　☑
　　　子小女奈〔1〕，年七　　☑
　　　……　☑

72EJC：217

【集注】

〔1〕奈：人名。

☑□事，第八百廿八

73EJC：460

第六章　檢楬類

肩水金關 T1

地節三年

❋ 閏月吏民

出入關致籍 　　　　　　　　　　　　　　73EJT1：4

肩水候官　　☒ 　　　　　　　　　　　　73EJT1：71

☒肩水候官行者☒ 　　　　　　　　　　　73EJT1：97

☒大守府入辛巳行☒ 　　　　　　　　　73EJT1：270

☒　肩水☒ 　　　　　　　　　　　　　　73EJT1：281

肩水金關 T2

肩水候官 　　　　　　　　　　　　　　　73EJT2：24

肩水金關 　　　　　　　　　　　　　　　73EJT2：25

守林〔1〕五石弩一完 　　　　　　　　　73EJT2：75

【校釋】

簡上端兩側有缺口，當為繫繩處。

【集注】

〔1〕守林：隧名。

肩水金關 T3

肩水金關　　☑	73EJT3：2
匽☑	
師（檢）	73EJT3：8
☑　金關☑	73EJT3：9
☑肩水金關☑	73EJT3：10

☑五月庚子錢更吏居延王翁稚〔1〕入關☑　輩十一☑（檢）　　73EJT3：16

【集注】

〔1〕王翁稚：人名。

⊗元延三年四月吏	
民出入關致	73EJT3：47A
⊗元延三年四月	
吏民出入關致	73EJT3：47B
⊗元延三年正月吏	73EJT3：48A
⊗民出入關致	73EJT3：48B
肩水金關	73EJT3：63

肩水金關 T4

⊗☐☐☐	
鍭百	73EJT4：7
☑肩水金關	73EJT4：49A
☑……	73EJT4：49B
・☐關嗇夫王卿發	73EJT4：50

候長得望〔1〕十月甲寅〔2〕☐☐☐☐　　73EJT4：51

【集注】

〔1〕得望：郭偉濤（2017B，275 頁）：「候長得望」當為收件者，據前述候長封檢
的情況判斷，該簡雖僅有候長而未冠所屬機構，為東部候長的可能性比較大。
今按，其說或是。得望為候長名。

〔2〕十月甲寅：郭偉濤（2017B，275 頁）：「十月甲寅」可能表示發件地發出的日
　　　期，封泥槽殘損的幾個字很可能即為發件機構，「起××」。
　　　　　今按，其說或是。

肩水候官	73EJT4：105
肩水候官以郵行　　☑	73EJT4：106
☑金關	73EJT4：115
肩水☑	73EJT4：161
⬚木薪☑	73EJT4：162
關嗇夫□☑	73EJT4：163
肩水金關☑	73EJT4：180
☑出□□□米三石　　三　　☑	73EJT4：195

肩水金關 T5

肩水候官	73EJT5：74
肩水候官	73EJT5：75
☑肩水候官	73EJT5：77

肩水金關 T6

☑肩水金關	73EJT6：1A
☑肩水	73EJT6：1B
肩水金關	73EJT6：2A
陽□	73EJT6：2B
肩水金關	73EJT6：3
肩水金關	73EJT6：4
居延丞印　　・奴□□	
肩水金關	
十月壬寅官奴李□以來	73EJT6：5A
（圖畫）	73EJT6：5B
肩水金關	73EJT6：6
肩水金關	73EJT6：7

肩水金關 　　　　　　　　　　　　　　　　　　73EJT6：8

肩水金關 　　　　　　　　　　　　　　　　　　73EJT6：9

肩水金關 　　　　　　　　　　　　　　　　　　73EJT6：10

☐金關 　　　　　　　　　　　　　　　　　　　73EJT6：11

肩水金關☐

　以十四日 　　　　　　　　　　　　　　　　　73EJT6：12A

十月戌亥☐☐ 　　　　　　　　　　　　　　　　73EJT6：12B

肩水金關☑ 　　　　　　　　　　　　　　　　　73EJT6：13

趙子文〔1〕封入 　　　　　　　　　　　　　　　73EJT6：16

【集注】

　〔1〕趙子文：人名。

五鳳三年二月吏民

出入關傳籍 　　　　　　　　　　　　　　　　　73EJT6：17

⊗候長陳長生〔1〕

　六石具弩一 　　　　　　　　　　　　　　　　73EJT6：19

【集注】

　〔1〕陳長生：郭偉濤（2017B，276 頁）：這枚楬應該就是候長陳長生的駐地所使用
　　　的。而且，東部候長有名長生者，如「東部候長長生」（73EJT30：92），當即
　　　陳長生，很可能這枚楬所標識的就是東部候長長生的武器。
　　　　今按，其說或是。陳長生為候長名。

⊗駟北亭卒孟陽〔1〕

　五石具弩一 　　　　　　　　　　　　　　　　73EJT6：20

【集注】

　〔1〕孟陽：人名，為戍卒。

鴻嘉三年正月 　　　　　　　　　　　　　　　　73EJT6：115A

⊗出入關名籍 　　　　　　　　　　　　　　　　73EJT6：115B

關嗇夫　　☑ 　　　　　　　　　　　　　　　　73EJT6：128

肩水橐☒（削衣）　　　　　　　　　　　　　　　73EJT6：165

【校釋】

　　「橐」原作「金」，何茂活（2014C）、（2016A）釋。

肩水☒（削衣）　　　　　　　　　　　　　　　　73EJT6：166

肩水金關 T7

☒東部候長　　　　　　　　　　　　　　　　　　73EJT7：28
◈永始二年正月以來居延
　都尉夫人及吏吏從者　　　　　　　　　　　　　73EJT7：98A
◈居延都尉夫人及
　吏吏從者庫吏奴婢名　　　　　　　　　　　　　73EJT7：98B
肩水金關☒　　　　　　　　　　　　　　　　　　73EJT7：118

橐他官以亭行〔1〕　　　　　　　73EJF3：66+381+73EJT7：147

【校釋】

　　簡 73EJF3：66+381 原整理者綴，林宏明（2016A）又綴簡 73EJT7：147。

【集注】

〔1〕以亭行：徐樂堯（1984，318頁）：「以亭行」的文書，則係都尉府、候官、候
　　　長通告各亭之文書，故依亭逐個傳遞。這類文書傳遞的距離較近，一般也以人
　　　步行投送。

　　　　高恆（1998，397頁）：此處的亭，指亭燧、或大於燧，置於烽燧間的邊
　　　防哨所。「以亭行」，在漢簡中多見。但大多是各塞內傳送文書的方式，也就是
　　　說在近距離內傳遞文書的方式。

　　　　汪桂海（1999，185頁）：「以亭行」之亭或為在一系列烽隧中每間隔一定
　　　距離設置的兼職傳郵的烽隧。

　　　　李均明（2004C，71頁）：指逐亭傳遞郵件。邊塞一系列烽隧中，每間隔
　　　一定的距離選擇一烽隧兼具郵亭職能，負責傳遞郵件，與逐隧傳遞的「隧次
　　　行」有區別。

　　　　今按，說是。以亭行即通過亭傳遞郵件。

☑□□□治所　☑　　　　　　　　　　　　　　　73EJT7：152A

☑……　　　　　　　　　　　　　　　　　　　　73EJT7：152B

【校釋】

封泥孔尚存紮繩。

☑所出入傳　　　　　　　　　　　　　　　　　　73EJT7：158A

☑出入傳　　　　　　　　　　　　　　　　　　　73EJT7：158B

【校釋】

A面「所」原作「關」，何茂活（2014C）、（2016A）釋。

甘露☑　　　　　　　　　　　　　　　　　　　　73EJT7：165

【校釋】

左半殘缺，右半上部有契口，當為繫繩處。

肩水金關 T8

肩水候官以□☑　　　　　　　　　　　　　　　　73EJT8：22

關嗇夫□　☑　　　　　　　　　　　　　　　　　73EJT8：107

肩水金關 T9

◈望塢上火〔1〕　　　　　　　　　　　　　　　　73EJT9：2

【集注】

〔1〕望塢上火：初師賓（1984A，193 頁）：應即望火頭之類。所望之目標，有堠烽，
有塢火，也有泛望某燧或某燧塢烽火。

　　樂游（2014，220 頁）：這些既非文書類簽牌，格式上又異於一般標註名
物和所屬的物品簽牌，似可作為新的一類，稱之「候望簽牌」。

　　劉釗（2014，352 頁）：漢代西北邊塞依靠不同形式的烽火信號來傳遞不
同的敵情信息，各烽燧借助一種叫作「望火頭」的候望設施來觀察識別所望烽
火的位置，每個望火頭固定對準鄰近烽燧的某一位置，故可以用「望某某」一
類的簽牌標明所望目標。

　　今按，諸說多是。此種簽牌用來指示候望地點及目標等。

◎初元五年三月敦煌
　　□馮卿所送降者　　　　　　　　　　　　　　73EJT9：9A
◎馮卿所送降者用牛
　　車名籍　　　　　　　　　　　　　　　　　　73EJT9：9B
◎甘露二年十月☑
　　關傳致籍　　　　　　　　　　　　　　　　　73EJT9：11
葆　王孫記書翁叔幸為糒
致　肩水廄吏徐少孺〔1〕所　　　　　　　　　　73EJT9：13

【集注】

〔1〕徐少孺：人名，為肩水廄吏。

肩水金關☑　　　　　　　　　　　　　　　　　　73EJT9：70
肩水候官　　　　　　　　　　　　　　　　　　　73EJT9：89
☑水金關　　☑　　　　　　　　　　　　　　　　73EJT9：193
☑關　　☑　　　　　　　　　　　　　　　　　　73EJT9：209
☑肩水金關　　　　　　　　　　　　　　　　　　73EJT9：215A
☑解主名　　　　　　　　　　　　　　　　　　　73EJT9：215B

肩水金關……☑　　　　　　　　　　　　　　　73EJT9：252A+290B
禁今再……☑　　　　　　　　　　　　　　　　73EJT9：252B+290A

【校釋】

張文建（2017J）綴。

☑候官　印曰王福〔1〕印　　☑　　　　　　　　73EJT9：305

【集注】

〔1〕王福：大庭脩（2001，197 頁）：包含在檢署中以小字書寫的私印記錄，表明
　　　該公文書乃是由無官印的候長、士吏、候史、隧長等簽發，且簽發者多為候長
　　　和士吏。在此基礎上令人注意的是，其簽署大多數寫「甲渠官」，而不是正式
　　　地簽署「甲渠候官」，這或許意味著候長、士吏等簽發的是候官的內部文書，
　　　以示與候官外部文書的不同。

　　　　　今按，其說是。王福為人名。

肩水都尉肩水⟨⟩　　　　　　　　　　　　　　73EJT9：316A

肩水⟨⟩　　　　　　　　　　　　　　　　　　73EJT9：316B

肩水金關 T10

肩水候官　　⟨⟩　　　　　　　　　　　　　73EJT10：4

⟨⟩金關　　⟨⟩　　　　　　　　　　　　　73EJT10：5

⟨⟩以郵行　　　　　　　　　　　　　　　　73EJT10：6

⟨⟩肩水候⟨⟩　　　　　　　　　　　　　　73EJT10：7A

⟨⟩一　　五九四十⟨⟩

⟨⟩十二　四九三十⟨⟩　　　　　　　　　　73EJT10：7B

⟨⟩　兔（有圖畫）　　　　　　　　　　　73EJT10：16

肩水候官以郵行　　　　　　　　　　　　　73EJT10：22

臨北吏

前長史⟨⟩

橐佗　　　　　　　　　　　　　　　　　　73EJT10：35

⟨⟩安漢〔1〕卒　　　　　　　　　　　　　73EJT10：36

【集注】

〔1〕安漢：隧名。

肩水候官　　　　　　　　　　　　　　　　73EJT10：39

肩水金關　　　　　　　　　　　　　　　　73EJT10：138

肩水金關　　　　　　　　　　　　　　　　73EJT10：139

關嗇夫光　　　　　　　　　　　　　　　　73EJT10：140

　·肩水候官　　　　　　　　　　　　　　73EJT10：141

⟨⟩肩水候官　　　　　　　　　　　　　　73EJT10：142

肩水金關　　　　　　　　　　　　　　　　73EJT10：143

肩水金關　　　　　　　　　　　　　　　　73EJT10：144

肩水金關　　　　　　　　　　　　　　　　73EJT10：145

張掖守大府肩水馬行止

年止（習字） 　　　　　　　　　　　　73EJC：527A＋73EJT10：146A
士吏敵頓止令
河平三年七月丁巳己
張掖郡記中大（習字疊書） 　　　　　　73EJC：527B＋73EJT10：146B

【校釋】

　　姚磊（2017H2）綴，A 面「止」原未釋，B 面「止」原作「丘」，「七」原作
「十」，「丁巳己」原未釋，均綴合後釋。

肩水候官以郵亭晝夜行〔1〕 　　　　　　73EJT10：202A
大邑私敵（習字） 　　　　　　　　　　73EJT10：202B

【集注】

〔1〕以郵亭晝夜行：邢義田（2012，190 頁）：「以郵亭晝夜行」不見於過去的邊塞
　　或內郡簡牘。唯懸泉簡中有「軍吏晨夜行」，疑晨夜行或即晝夜行。又江陵張
　　家山漢簡《行書律》簡 273 謂：「郵人行書一日一夜行二百里。」本簡的「以
　　郵亭晝夜行」，當是指行郵書事。
　　　　今按，其說當是。以郵亭晝夜行是說通過郵亭晝夜不間斷傳遞。

⚗吏民出入金關傳
　致籍 　　　　　　　　　　　　　　　73EJT10：240
肩水金關　　☑ 　　　　　　　　　　　73EJT10：257

■右驛北亭☑ 　　　　　　　　　　　　73EJT10：330

【校釋】

　　簡上端兩側有契口，當為繫繩處。

☑　肩水金關☐☑（削衣） 　　　　　　73EJT10：452
肩水金關　　☑ 　　　　　　　　　　　73EJT10：464
☑☐關　　☑ 　　　　　　　　　　　　73EJT10：477
金☑ 　　　　　　　　　　　　　　　　73EJT10：514

肩水金關 T11

⊗永光五年九月吏民

......   73EJT11：26

肩水金關   ☐   73EJT11：29

張延水丞印
金關
十二月辛巳以來   73EJT11：30

【校釋】

　　第一行「張」字周艷濤（2013）、周艷濤、李黎（2014）釋「居」。今按，該字圖版作 形，似非「居」字，暫從整理者釋。

肩水金關 T14

關嗇夫吏   73EJT14：35

關嗇夫賞〔1〕   73EJT14：36

【集注】

〔1〕賞：人名，為關嗇夫。

肩水金關 T15

關嗇夫武〔1〕   73EJT15：15

【集注】

〔1〕武：人名，為關嗇夫。

☐蓬干〔1〕   73EJT15：16

【集注】

〔1〕蓬干：初師賓（1984A，166頁）：竿的形制，漢簡尚無一例能證明它是「桔槔」的。烽竿兼舉表號等，漢簡無表竿。但簡中有「堠上烽」（或「亭上烽」）、「塢上旁烽」「地烽」三種升舉位置，起碼需立三竿。黃文弼發現的羅布淖爾土民

漢烽燧立五烽竿。目前所見烽品簡，每次舉烽無過三枚者。前述布烽六枚，再加草烽，亦需三竿以上。否則不易分辨。所以，烽竿數和舉烽處，亦隨時代不同而變化。無確鑿證據，其間關係甚難遽斷。此外，烽竿懸烽索……用鹿盧和轉櫨收放烽索，每一竿約配一鹿櫨。此三者，數目近似，相互配套。烽承、烽承索二物，疑是烽的附件，數目較多……它們可能是舉烽時作承連烽巩使用的。

　　　　今按，其說或是。烽干當為用於懸掛烽的木竿。

☒關嗇夫□☒ 　　　　　　　　　　　　　　　　　　　73EJT15：18

肩水金關 T21

東部候長孫卿治所〔1〕 　　　　　　　　　　　　　　73EJT21：22

【集注】

〔1〕東部候長孫卿治所：郭偉濤（2017B，283 頁）：東部候長一直駐在 A32 遺址，
　　　該地即東部候長治所。

　　　　　　今按，其說或是。

　鴻嘉五年吏妻子
▨及葆出入關
　　名籍 　　　　　　　　　　　　　　　　　　　　73EJT21：35A
　鴻嘉五年五月
▨吏妻子出入關
　　及葆名籍 　　　　　　　　　　　　　　　　　　73EJT21：35B
肩水候官 　　　　　　　　　　　　　　　　　　　　73EJT21：36
肩水金關 　　　　　　　　　　　　　　　　　　　　73EJT21：41

　　　　　鱳得丞印
肩水金關 　　　　　　　　　　　　　　　　　　　73EJT21：72+354
　　　十月己亥以來

【校釋】

姚磊（2016G8）綴。

肩水守候　以 73EJT21：85

☑　巧 73EJT21：87

章曰張掖都尉章

肩水候官 73EJT21：91

候☑ 73EJT21：92

居延 73EJT21：115

肩水候官 73EJT21：132

槍卅 73EJT21：134

☑肩水金關　☑ 73EJT21：247

萬福〔1〕繩十丈□☑

肩水候官行者走〔2〕☑ 73EJT21：355

【集注】

〔1〕萬福：隧名。

〔2〕行者走：李均明（1989，124頁）：「行者走」之「走」字，指奔赴、前往，與《韓非子・外儲說右下》「救火者，吏操壺走火。」之「走」字義同。行者，指專門派去送信的人。

　　　汪桂海（1999，185頁）：「行者走」要求被專門派遣去送文書的人奔跑遞送。

　　　冨谷至（2013，169頁）：類如「行者走」「馬馳行」等這樣的好像是表示傳送方法的語句，實際上並沒有什麼實際的意思，而只是單純的慣用語，就像接在收信人後面的「（某某）啟」「（某某）收」一樣，僅僅是附在收信人之後的收尾語而已，表示「發送給某某，勿要耽擱」。

　　　今按，行者走即由人步行傳遞。冨谷至說恐不妥。

肩水金關　☑ 73EJT21：398

肩水金關 T22

肩水金關 73EJT22：28

肩水都尉府　☑ 73EJT22：69

肩水金關 T23

☑金關☑	73EJT23：10
肩水候官以郵行	73EJT23：51
肩水金關	73EJT23：52
肩水金關	73EJT23：65
☑肩水廷隧次行	73EJT23：67
☑肩水金關致☑	73EJT23：126
肩水金關☑	
九月丁未☑	73EJT23：150
肩水候官	73EJT23：154
候長孫卿治所	73EJT23：169
肩水候官☑	73EJT23：203
肩水金關	73EJT23：240
肩水以郵行　　☑	73EJT23：285
▰驛北亭卒日迹楬〔1〕▰	73EJT23：286A
▰驛北亭卒日迹楬▰	73EJT23：286B
▰驛北亭卒日迹楬▰	73EJT23：286C
▰驛北亭卒日迹楬▰	73EJT23：286D

【集注】

〔1〕日迹楬：薛英群（1991，139 頁）：兩燧結合部以「楬」為界，所謂「楬」，《說文》：「斷木也。」也就是半截木樁，以此為巡迹的終點標誌，如「第六日中迹楬」（EPT49：24），即吏卒日中時巡察到烽界處，與臨燧巡迹之吏卒會界上，還要刻券，以證明按時巡視到界。

汪桂海（2009B，155 頁）：「日迹楬」之「楬」當即「籌」字。籌是古代用來計算的工具。《漢書・五行志》下之上：「籌所以紀數。」「日迹楬（籌）」應是邊塞吏卒日迹時發給的簽牌。

今按，汪說當是。據簡牘形制來看，其當為一種簽牌，為戍卒日迹時所持以證明身份。

肩水金關	73EJT23：312

肩水金關	73EJT23：313
肩水金關	73EJT23：314
肩水候史尹□☑	73EJT23：325A
□□☑	73EJT23：325B
金關	73EJT23：326
肩水金關　　□	73EJT23：327

薛陽子胥〔1〕記，幸致〔2〕金關

嗇夫李子張〔3〕、亭長過大公〔4〕所　　　　　　　　　73EJT23：328

【校釋】

第一行「胥」原作「等」，第二行「公」原作「小」，均劉樂賢（2015C）釋。

【集注】

〔1〕薛陽子胥：劉樂賢（2015C，238 頁）：「薛陽子胥」指的是一個人，此人姓薛
名陽字子胥。

今按，其說是。

〔2〕幸致：劉樂賢（2015C，239 頁）：「薛陽子胥記」之後的「幸致」二字，是「希
望送達」或「請送達」的意思。

今按，說是。

〔3〕李子張：人名，為金關嗇夫。

〔4〕過大公：劉樂賢（2015C，240 頁）：漢代人好以「某公」為字，如張摯、夏侯
勝、韓延壽都字「長公」，宣秉、郭伋都字「巨公」，蓋寬饒、黃霸都字「次公」，
杜延年、陳萬年都字「幼公」，任立政字「少公」等。因此，這一封檢上的「過
大公」，也應當是以「大公」為字……這枚封檢，是由薛陽同時發送給金關嗇
夫李子張和亭長過大公兩人的。

今按，說當是。

天水千人趙大公〔1〕　　　　　　　　　　　　　　　73EJT23：333

【集注】

〔1〕趙大公：天水千人，大公當為其字。

員嚴〔1〕記，再拜，奏　　☑

過大公〔2〕合下〔3〕。　☑　　　　　　　　　　　　　　73EJT23：388

【校釋】

　　「過」原作「遣」，劉樂賢（2015C，242 頁）釋。「員」字原作「貟」，此統一作「員」。

【集注】

〔1〕員嚴：人名，為致信者。

〔2〕合下：劉樂賢（2015C，242 頁）：「合下」，即古書所說的「閣下」，用於表示對收件人的尊敬或客氣。

　　　　今按，其說是。合下即閣下。

〔3〕過大公：劉樂賢（2015C，242 頁）：考慮到「過」姓在漢代並不常見，以「大公」為字在漢代也不普遍，若將這兩枚發現於同一封檢上的「過大公」看作同一個人，應當釋一種較為合理的推測。

　　　　今按，其說當是。兩枚封檢即該簡和簡 73EJT23：328。兩簡同出於肩水金關第 23 探方，其中的「過大公」或指同一人。

肩水金關　　☑　　　　　　　　　　　　　　　　　　　73EJT23：340

李子公箭五☑
☐☐☐☐☐☐☑　　　　　　　　　　　　　　　　　　73EJT23：366

【校釋】

　　簡上端中部有小圓孔，左側有刻齒。

肩水金關　　　　　　　　　　　　　　　　　　　　　73EJT23：439
寇掾門下　　☐　　　　　　　　　　　　　　　　　　73EJT23：616
肩水金關　　　　　　　　　　　　　　　　　　　　　73EJT23：617
關嗇夫吏　　　　　　　　　　　　　　　　　　　　　73EJT23：618

敦煌陽關都尉張君所　　　　　　　　　　　　　　　　73EJT23：655

【校釋】

　　「所」字原作「房」，該字作 形，漢簡中所和房字往往形近，據文義來看，其當為「所」字。

▨關元始元年

　七月旦兼關出入　　　　　　　　　　　　　　　73EJT23：752A

▨七月傳吏民出入符　　　　　　　　　　　　　　73EJT23：752B

【校釋】

　　A面第一行「關元始元年」原未釋，何茂活（2015C，182頁）補釋，其中「元始元年」胡永鵬（2015，27頁）、（2016A，94頁）亦釋。

肩水金關　　　　　　　　　　　　　　　　　　　73EJT23：761

肩水候　　☑　　　　　　　　　　　　　　　　　73EJT23：798

▨宧矢☑

　銅鏃百　　　　　　　　　　　　　　　　　　　73EJT23：799

肩水金關　　☑　　　　　　　　　　　　　　　　73EJT23：814

肩水金關　　☑　　　　　　　　　　　　　　　　73EJT23：838

肩水金關　　☑　　　　　　　　　　　　　　　　73EJT23：850

肩水候官☑　　　　　　　　　　　　　　　　　　73EJT23：851

▨槍十☑　　　　　　　　　　　　　　　　　　　73EJT23：852

肩水金關　　　　　　　　　　　　　　　　　　　73EJT23：853

肩水金關　　　　　　　　　　　　　　　　　　　73EJT23：856

肩水金關　　　　　　　　　　　　　　　　　　　73EJT23：864

府告肩水關嗇夫許常〔1〕負學師〔2〕張卿錢五百錄　　73EJT23：883

【校釋】

　　簡上端兩側有契口，或是繫繩處。

【集注】

〔1〕許常：人名，為關嗇夫。

〔2〕學師：馬智全（2017A，63頁）：簡文中「府告肩水官嗇夫許常負學師張卿錢五百錄」，就是官方代為索取債務的情況。從債務文書的運行來看，既然府可以為「學師張卿」代為收債，則張卿應屬官方管理的人員。聯繫張家山漢簡中「學師」作為教育者的身份，「學師張卿」很可能是邊塞教育機構中的教育者。

　　　　王楚寧、張予正（2017），王楚寧、張予正、張楚蒙（2017）：金關漢簡中還曾出現「學師」一詞，此「學師」，或即「置學師以教之」。據此，漢簡《齊

論語》或是金關之中「學師」教授時所用的教材，肩水金關除軍事保衛與行政管理的職能外，應還有一定的文化教育功能，這代表了漢代國內各地文化交流的狀況與儒家思想在西北地方的傳播情況。

今按，其說或是。學師即教師。

■五鳳二年五月☑　　　　　　　　　　　　　73EJT23：941A

■　　☑　　　　　　　　　　　　　　　　　73EJT23：941B

☑郵行　　　　　　　　　　　　　　　　　　73EJT23：946

枚陽〔1〕印

肩水金關

□□□以來　　　　　　　　　　　　　　　　73EJT23：987

【集注】

〔1〕枚陽：人名。

肩水金關　　　　　　　　　　　　　　　　　73EJT23：988

居延左□印　　☑

肩水金關　　☑　　　　　　　　　　　　　　73EJT23：999

肩水金關 T24

☑　肩水金關（習字）　　　　　　　　　　　73EJT24：27A

☑（圖畫）　　　　　　　　　　　　　　　　73EJT24：27B

關嗇夫吏　　　　　　　　　　　　　　　　　73EJT24：37

關嗇夫欽〔1〕　　☑　　　　　　　　　　73EJT24：56+529

【校釋】

林宏明（2016I）綴，「欽」字原未釋，綴合後釋。

【集注】

〔1〕欽：人名，為關嗇夫。

◎望□□隧

堠上蓬干 73EJT24：71

【校釋】

第一行「望」「隧」原未釋，姚磊（2017J2）補釋。第二行「堠」字原作「燋」，據何茂活（2017B）釋。

□ 里宋友閤錢二千 73EJT24：72

【校釋】

「閤」字原未釋，韓華（2017，285頁）、（2019B，9頁）釋作「閣」，何茂活（2018A，121頁）認為是「閤」。今按，該字作██形，雖略有殘泐，但釋「閤」可信，此從其釋。

肩水尉史王隆子張〔1〕書□▨ 73EJT24：74

【集注】

〔1〕王隆子張：人名，姓王名隆字子張。

　　　　　章曰居延都尉

肩水候官　章

　　　　　屬當時致 73EJT24：130

▨□逆寇〔1〕隧行者走盡東部候□ 73EJT24：137A
▨□部中□□延袤□□ 73EJT24：137B

【校釋】

A面「行者走」、B面「延袤」原未釋，何茂活（2018A，121頁）釋。又B面簡首未釋字何茂活（2018A，121頁）認為是「東」。今按，說或可從，但該字大部分缺佚，不能確知，當從整理者釋。

姚磊（2019C6）綴合簡 73EJT24：93 和該簡。今按，兩簡茬口處不是十分吻合，或不可直接拼合。

【集注】

〔1〕逆寇：隧名。

肩水候官以郵行　　☒　　　　　　　　　　　　73EJT24：177A

令　☒　　　　　　　　　　　　　　　　　　　73EJT24：177B

☐陽書奏　　☒

周君長　　☒　　　　　　　　　　　　　　　　73EJT24：189

【校釋】

第二行「長」字原未釋，秦鳳鶴（2018A，90頁）補釋。

☒　　黃政☐橐　　　　　　　　　　　　　　　73EJT24：254

肩水候官　　　　　　　　　　　　　　　　　　73EJT24：271

肩水金關　　白賢等二人☒　　　　　　　　　　73EJT24：272

肩水都尉屬李　　　　　　　　　　　　　　　　73EJT24：274

☐……☒　　　　　　　　　　　　　　　　　73EJT24：298

肩水金關　　　　　　　　　　　　　　　　　　73EJT24：308

肩水金關　　　　　　　　　　　　　　　　　　73EJT24：325A

橐他隧以郵行　　　　　　　　　　　　　　　　73EJT24：325B

☒金關　　　　　　　　　　　　　　　　　　　73EJT24：458

肩水金關☒　　　　　　　　　　　　　　　　　73EJT24：505

☒候官　　☒　　　　　　　　　　　　　　　　73EJT24：511

肩水候官　　☒　　　　　　　　　　　　　　　73EJT24：530

候長周☐☒　　　　　　　　　　　　　　　　　73EJT24：531

肩水候官　　☒　　　　　　　　　　　　　　　73EJT24：573

肩水金關　　☒　　　　　　　　　　　　　　　73EJT24：575

肩水☐☐☐☐☒　　　　　　　　　　　　　　73EJT24：618

肩水☐☒　　　　　　　　　　　　　　　　　　73EJT24：674

肩水金關　　☐　　　　　　　　　　　　　　　73EJT24：948

肩水☐☒　　　　　　　　　　　　　　　　　　73EJT24：994

【校釋】

未釋字何茂活（2016D）補釋「候」。今按，補釋或可從，但簡牘殘斷，該字僅存少許筆畫，不能確知，當從整理者釋。

肩水金關 T25

肩水金關	73EJT25：1
肩水金關	73EJT25：8
肩水金關肩水金關	73EJT25：14A
肩水肩水金關肩	73EJT25：14B
東部候長　☑	73EJT25：16
東部候長王卿治所　☑	73EJT25：18
肩水金關　☑	73EJT25：42
☑　金關　☑	73EJT25：44
肩水金關　☑	73EJT25：54
東部候長□□□☑	73EJT25：215

肩水金關 T26

肩水金關	73EJT26：22
☑肩水候官	73EJT26：44
候史謝護〔1〕　□	73EJT26：90

【集注】

〔1〕謝護：人名，為候史。

肩水☑	73EJT26：143
☑□水候官	73EJT26：215

肩水金關 T27

⹀驛北亭卒日迹檮⹀	73EJT27：44A
⹀驛北亭卒日迹檮⹀	73EJT27：44B
⹀驛北亭卒日迹檮⹀	73EJT27：44C
⹀驛北亭卒日迹檮⹀	73EJT27：44D
關嗇夫吏	73EJT27：45
左前候長隧長黨〔1〕寫傳至東部隧次行□	73EJT27：46

【集注】

〔1〕黨：當為人名。

東部候長放〔1〕　　　　　　　　　　　　　　　73EJT27：47

【集注】

〔1〕放：人名，為東部候長。

王臨〔1〕叩頭白記
東部候長平卿門下　　　☒　　　　　　　　　73EJT27：49

【集注】

〔1〕王臨：人名。

肩水金關 T28

東部候長廣宗〔1〕　　　　　　　　　　　　　73EJT28：1

【集注】

〔1〕廣宗：人名，為東部候長。

元康四年四月☒　　　　　　　　　　　　　73EJT28：4A
元康四年四月☒　　　　　　　　　　　　　73EJT28：4B
候長治所　　　　　　　　　　　　　　　　73EJT28：5

登山隧長紳五十丈傳詣候長王卿〔1〕治所
各完全封相付屬毋留　　　　　　　　　　73EJT28：10

【校釋】

「紳」張俊民（2015A）認為是「繩」字省。今按，說是，亦或通假為「繩」。

【集注】

〔1〕王卿：郭偉濤（2017B，277 頁）：簡文涉及的東部候長王卿，可能為王武或王
　　廣宗，王武見於地節三年（前 67），王廣宗活動於甘露年間。
　　　　今按，說或是。

革鎧、鞮瞀各一，傳詣平樂〔1〕隧，毋留急≡　　　　　73EJT28：11

【集注】

〔1〕平樂：隧名。

佐前候長光〔1〕等寫傳東部候廣宗〔2〕行者走　□　　　73EJT28：20

【集注】

〔1〕光：人名，當為左前候長。

〔2〕廣宗：人名，為東部候長。

肩水金關　　□　　　　　　　　　　　　　　　　　73EJT28：35

候長王卿治所　　　　　　　　　　　　　　　　　　73EJT28：59

　　　　　　　　出廿四□就　　　出卌七檝
候長奉千二百　　出卅四社〔1〕　　餘九百七十五□
　　　　　　　　□百廿革　　　　　　　　　　　　73EJT28：67

【校釋】

　　第三行未釋字姚磊（2017D2）補「出」。今按，補釋可從，但該字圖版磨滅，不存墨迹，當從整理者釋。第一行「廿四」的「廿」葛丹丹（2019，1785 頁）作「卅」。今按，說或是，但該字圖版殘損，不能確知，暫從整理者釋。又簡上端兩側有契口，當為繫繩處。

【集注】

〔1〕社：中國簡牘集成編輯委員會（2001H，178 頁）：社錢，歲時祠社群聚飲食之錢，亦即從事社事活動所需之款項。

　　李天虹（2003，48 頁）：邊塞烽燧士卒也組織有社，舉行社祭所需的錢，也就是「社錢」似乎是由吏員分擔的。

　　今按，諸說是。該簡「社」即指社錢，為進行社祭所用之錢。

李長君〔1〕奉錢六百
出十二鼓就　　　　　　縣少四百
出百九□□□□□　　　今餘三百九十二□　　　　　73EJT28：108

【校釋】

　　「鼓」張俊民（2015A）釋「載」。今按，該字圖版作 ▨ 形，似非「載」字，整理者釋讀或不誤。又簡上端兩側有契口，當為繫繩處。

【集注】

〔1〕李長君：人名。

肩水金關 T29

肩水候官▨	73EJT29：24A
……▨	73EJT29：24B
肩水金關　　▨	73EJT29：35
肩水候官　　▨	73EJT29：119

東部候長廣宗〔1〕	73EJT29：120

【集注】

〔1〕廣宗：人名，為東部候長。

肩水候官	73EJT29：121

驛北亭長宣〔1〕　　▨	73EJT29：122

【集注】

〔1〕宣：人名，為驛北亭長。

東部候長王卿治所次亭行	73EJT29：123
東部候長黃卿治所	73EJT29：124

```
              □
肩水候官行者走　　□
              □                    73EJT29：125A
譚伏地再拜請
中君　　　　　　大令　應令〔1〕
    初元二年十月戊子朔壬寅〔2〕敢言之         73EJT29：125B
```

【集注】

〔1〕應令：胡平生（2012，124～125 頁）：「應令」已經成為公文套語，泛指按照
　　　上級指令呈報與回覆問詢的公文，一概加上「應令」一類的字樣。
　　　　　今按，說當是。

〔2〕初元二年十月戊子朔壬寅：初元，漢元帝劉奭年號。據徐錫祺（1997，1590
　　　頁），初元十月戊子朔，十五日壬寅，為公曆公元前 47 年 11 月 29 日。

⊠六石具弩一完　　　　　　　　　　　　　　　　　　73EJT29：126A
⊠亭長　　　　　　　　　　　　　　　　　　　　　　73EJT29：126B

肩水金關 T30

督蓬隧史遂〔1〕再拜
侍　　　　　　　　　　　　　　　　　　　　　　　73EJT30：86+112

【校釋】

　　　伊強（2015D）綴，且認為綴合後當是一件「謁」，是否完整及左右是否有殘損
　不宜確定。

【集注】

〔1〕遂：人名，為督烽隧史。

東部候長長生〔1〕　　　　　　　　　　　　　　　　73EJT30：92

【集注】

〔1〕長生：人名，為東部候長。

　　　　　□肩水候簿餘
肩水候　錢百八十
　　　……　　　　　　　　　　　　　　　　　　　73EJT30：127
肩水候官以郵行☑　　　　　　　　　　　　　　　　73EJT30：228
肩水候官以郵行　☑　☑　　　　　　　　　　　　　73EJT30：229A
□□令　☑　　　　　　　　　　　　　　　　　　　73EJT30：229B
肩水□☑　　　　　　　　　　　　　　　　　　　　73EJT30：230

肩水金關 T31

肩水金關　　☑	73EJT31：46
肩水金關	73EJT31：48
肩水金關☑	73EJT31：49
肩水金☑	73EJT31：52
觻得丞印　　☑	
肩水金關　☑	73EJT31：88

肩水金關 T32

肩水金關□□□☑	73EJT32：25A
□□卿□□幸願癸酉雲等□□☑	73EJT32：25B
橐他候官行者走　　行塞舉	73EJT32：33
東部候長☑	73EJT32：34
☑關	73EJT32：35
▨府君行塞	
舉秦	73EJT32：36A
▨鴻嘉三年三月	
府君行塞	73EJT32：36B
肩水金關☑	73EJT32：37
河□☑	73EJT32：38

肩水金關 T33

肩☑	73EJT33：21
▨建昭四年五月	73EJT33：46
候長楊卿治所	73EJT33：70
肩水金關	73EJT33：71A
博博伏伏伏地大夫夫奉奉奉奉奉	
博□（習字）	73EJT33：71B
肩水金關	73EJT33：73
肩水候官以郵行☑	73EJT33：74

金關伏地伏地伏地☐（習字）   73EJT33：75A

癸卯卯卯卯☐（習字）   73EJT33：75B

肩水金關 T34

肩水候官   73EJT34：15

肩水金關 T35

肩水金關   73EJT35：1

▨元始三年十二月吏民
  出入關傳副券〔1〕   73EJT35：2

【集注】

〔1〕出入關傳副券：郞文玲（2017，167 頁）：即元始三年十二月吏民出入關的通
行憑證——傳的副本。

今按，其說當是。傳副券即傳的副本。

肩水金關 T37

肩水候官   73EJT37：46

肩水候官   73EJT37：47A

建始三年六月   73EJT37：47B

肩水候官   ☐（檢）   73EJT37：48

肩水金關   73EJT37：214

尉史桓賢〔1〕在都倉以次行☐   73EJT37：397

【集注】

〔1〕桓賢：人名，為尉史。

關嗇夫常〔1〕   73EJT37：1048+413

【校釋】

顏世鉉（2016D）綴。

【集注】

〔1〕常：人名，為關嗇夫。

肩水金關☑　　　　　　　　　　　　　　　73EJT37：467A

……☑　　　　　　　　　　　　　　　　　　73EJT37：467B

☑肩水金關☑　　　　　　　　　　　　　　73EJT37：469

☑道傳　送錢居延　　　　　　　　　73EJT37：503＋1040

【校釋】

姚磊（2017M，191頁）綴，綴合後補釋「道」字。

☑水廷隧次行　　☑　　　　　　　　　　　73EJT37：534

肩水金關　甲渠守尉王任〔1〕印　　☑　　73EJT37：647

【集注】

〔1〕王任：人名，為甲渠守尉。

☑肩水金關　　　　　　　　　　　　　　　73EJT37：689

肩水金關　　☐☑　　　　　　　　　　　　73EJT37：714

五官掓大守府以郵行

用此誠糸令人魚獲

……　　　　　　　　　　　　　　　　　　73EJT37：726

　　　　　居延司馬印

肩水金關

　　　　八月丁酉，槐累〔1〕候長年〔2〕以來　　73EJT37：760

【集注】

〔1〕槐累：候部名。

〔2〕年：人名，為槐累候長。

肩水金關　　　　　　　　　　　　　　　　73EJT37：807

肩水候官　出關致　　　　　　　　　　　　73EJT37：818

金關　　☑ 73EJT37：824

肩候
五月癸巳，亭長甯忠〔1〕以來 73EJT37：843

【集注】

〔1〕甯忠：人名，為亭長。

肩水金關　　☑ 73EJT37：907

關嗇夫吏 73EJT37：1008A

兼亭 73EJT37：1008B

金關 73EJT37：1024

元康三年七月吏☑

名傳　　☑ 73EJT37：1025

☑金關　　☑ 73EJT37：1031

金關 73EJT37：1054

肩水金關 73EJT37：1055

肩水候亭次行 73EJT37：1056

肩水金關　　☑ 73EJT37：1127

☑入關□☑ 73EJT37：1230A

☑出入關傳☑ 73EJT37：1230B

☑券　　☑ 73EJT37：1253A

☑券　　☑ 73EJT37：1253B

☑□年三月吏民出入關傳 73EJT37：1271+1340

【校釋】

林宏明（2016H）、姚磊（2017H9，2798頁）綴。

張掖□□□印

☑肩水候官

九月己亥，騂北卒林赦〔1〕以來 73EJT37：1314

【校釋】

「林赦」原作「林赦之」，韓鵬飛（2019，1667頁）釋。

【集注】

〔1〕林赦：人名，為戍卒。

肩水金關　　　　　　　　　　　　　　　　　73EJT37：1374

◈元延三年三月　　　　　　　　　　　　　　73EJT37：1400A

◈吏民出入關致　　　　　　　　　　　　　　73EJT37：1400B

肩水金關☑　　　　　　　　　　　　　　　　73EJT37：1403

肩水金關、居延縣索關隧次行☑　　　　　　　73EJT37：1441A

子□孫元延三年□丘，得毋有它，急如牒☑　　73EJT37：1441B

肩水金關　　□☑　　　　　　　　　　　　　73EJT37：1467A

肩水金關☑　　　　　　　　　　　　　　　　73EJT37：1467B

東部候長□□　　　　　　　　　　　　　　　73EJT37：1490

□寫　　　　　　　　　　　　　　　　　　　73EJT37：1504A

元康四年六月

吏民出入傳籍　　　　　　　　　　　　　　　73EJT37：1504B

■以此南，神爵元年盡四年，吏民出入關致籍☑　73EJT37：1534

肩水金關 H1

肩水金關　　□　　　　　　　　　　　　　　73EJH1：1

肩水金關　　　　　　　　　　　　　　　　　73EJH1：11

肩水金關　　☑　　　　　　　　　　　　　　73EJH1：12A

・居延卅井候官常寬〔1〕隧長公乘李廣〔2〕　　☑

　神爵二年功勞案　　☑　　　　　　　　　　73EJH1：12B

【集注】

〔1〕常寬：當為隧名。

〔2〕李廣：人名，為常寬隧長。

騂北五石具弩一　　☑　　　　　　　　　　　73EJH1：26

【校釋】

　　簡上端兩側有契口，當為繫繩處。

肩水金關 H2

肩水金關☑   73EJH2：29

居令延印
☑水金關
王同〔1〕以來   73EJH2：55

【集注】
〔1〕王同：人名。

居延丞印　☑
肩水金關　亥王齋〔1〕以來☑
☐官　孫☐☑   73EJH2：57

【集注】
〔1〕王齋：人名。

肩水金關 F1

☑關嗇夫吏   73EJF1：18
❀五石具弩☑   73EJF1：23A
士吏　　☑   73EJF1：23B
關嗇夫河上候史（習字）   73EJF1：29
棧闢三（三字在墨框內）   73EJF1：55
四日　氐池尉　安邑里☐☐
肩水金關　徒成　　☐二月   73EJF1：80
肩水金關   73EJF1：81
❀望金關隧
……   73EJF1：89

肩水金關 F3

肩水金關   73EJF3：63
寫傳至北部行者走　☐☑（檢）   73EJF3：64

馬以令

楬一槫

收布一匹

傳送河東

聞憙縣

堅家所在（橫書）　　　　　　　　　　　　　　　　73EJF3：298

【校釋】

　　「楬」原作「枼」，裘錫圭（1981B，2頁）指出「枼」實即「楬」字簡體。張
再興、黃艷萍（2017，74頁）從裘錫圭釋。

肩水金關　　　　　　　　　　　　　　　　　　　　73EJF3：310

關嗇夫吏　　　　　　　　　　　　　　　　　　　　73EJF3：378

肩水金關　　　　　　　　　　　　　　　　　　　　73EJF3：379

……

肩水以郵行

☐來　　　　　　　　　　　　　　　　　　　　　　73EJF3：380

肩水金關　　☑　　　　　　　　　　　　　　　　　73EJF3：451

肩水候官　　☑　　　　　　　　　　　　　　　　　73EJF3：452

肩水金☑　　　　　　　　　　　　　　　　　　　　73EJF3：499

肩水候官　　☑

八月丁酉，沙頭〔1〕卒☐以來☑　　　　　　　　　73EJF3：585

【集注】

〔1〕沙頭：亭名。

肩水金關 T4H

☑北部隧次行　　☑　　　　　　　　　　　　　　　73EJT4H：55

肩水金關 73EJD

十月癸未……

車　　　　　　　　　　　　　　　　　　　　　　　73EJD：18A

傳詣莫當〔1〕行者走　　　　　　　　　　　　　　73EJD：18B

　【集注】

　　〔1〕莫當：隧名。

南部候長以郵行　　☑　　　　　　　　　　　　　73EJD：51

昭武以郵行　　　　　　　　　　　　　　　　　　73EJD：81

肩水以郵☑　　　　　　　　　　　　　　　　　　73EJD：83

☑卿治所　　　　　　　　　　　　　　　　　　　73EJD：119

南部候長韓卿治所☑　　　　　　　　　　　　　　73EJD：171

南部候長韓卿治所隧次行　　　　　　　　　　　　73EJD：228

肩水金關　　　　　　　　　　　　　　　　　　　73EJD：290

肩水金關☑　　　　　　　　　　　　　　　　　　73EJD：291

肩水金關　　　　　　　　　　　　　　　　　　　73EJD：292

大成〔1〕長莊威〔2〕書奏

張掖督盜賊格卿　　　　　　　　　　　　　　　　73EJD：293

　【集注】

　　〔1〕大成：西河郡屬縣。《漢書・地理志下》：「大成，莽曰好成。」

　　〔2〕莊威：人名，當為大成縣長。

肩水金關　　　　　　　　　　　　　　　　　　　73EJD：294

南部候長治所　　　　　　　　　　　　　　　　　73EJD：295

南部候長韓卿治所　　　　　　　　　　　　　　　73EJD：296

南部候長以郵☑　　　　　　　　　　　　　　　　73EJD：297

☑肩水金關　　　　　　　　　　　　　　　　　　73EJD：298

■莫當〔1〕隧蘭一完　　　　　　　　　　　　　73EJD：299A

■蘭一完　　　　　　　　　　　　　　　　　　　73EJD：299B

　【集注】

　　〔1〕莫當：隧名。

■莫當〔1〕隧蘭一冠一皆完　　　　　　　　　　73EJD：300A

■蘭一冠一皆完　　　　　　　　　　　　　　　73EJD：300B

【集注】

〔1〕莫當：隧名。

南部候長楊卿治所　　　　　　　　　　　　　73EJD：301

南部候長　　☐　　　　　　　　　　　　　　73EJD：302

■莫當〔1〕隧弩循三完　　　　　　　　　　　73EJD：303

【集注】

〔1〕莫當：隧名。

⬡二石　　　　　　　　　　　　　　　　　　　73EJD：304A

☐☐☐☐☐☐☐

為居內得之者唯

毋錢通取之，此善弓也　　　　　　　　　　　73EJD：304B

⬡二石　　　　　　　　　　　　　　　　　　　73EJD：305A

橐他☐☐☐　　　　　　　　　　　　　　　　73EJD：305B

麴二石，詣韓卿治所稽北〔1〕亭　　　　　　　73EJD：306A

九月旦起莫當〔2〕　　　　　　　　　　　　　73EJD：306B

【校釋】

簡上端有契口，當為繫繩處。

【集注】

〔1〕稽北：亭名。

〔2〕莫當：隧名。

⬡槍五枚　　　　　　　　　　　　　　　　　　73EJD：307A

☐廷宜秋〔1〕里男子鉏偃〔2〕自言為家私使居延

☐毋官獄徵事，當得取傳，謁移金關、縣索

☐　　兵

☐道河津關，如律令／掾仁〔3〕、佐宣〔4〕　　　73EJD：307B

【校釋】

B 面內容屬過所文書，從形制來看，該簡當為過所文書二次利用作成了簽牌。

【集注】

〔1〕宜秋：里名。

〔2〕鉏偃：人名，為申請傳者。

〔3〕仁：人名，為掾。

〔4〕宣：人名，為佐。

肩水臨田〔1〕隧長歸方恢〔2〕叩頭白記□

橐他候長楊卿閣下　　　　　　　　　　　　　　　　73EJD：308

【集注】

〔1〕臨田：隧名。

〔2〕方恢：人名，為臨田隧長。

■駟北亭戍卒五石弩糸承弦四完　　　　　　　　　73EJD：309A

■駟北亭戍卒五石弩糸承弦四完　　　　　　　　　73EJD：309B

　　　　賦服數少二□□

穎□川郡許賦錢五千　　　　　　　　　　　　　　73EJD：310A

卒王宣〔1〕數少四　　　　　　　　　　　　　　73EJD：310B

【集注】

〔1〕王宣：人名，為戍卒。

▨木□◿　　　　　　　　　　　　　　　　　　　73EJD：311A

◺羔前日不備幸欲□

　◺□□禁姦立使教□

◿□□□□□　　　　　　　　　　　　　　　　　73EJD：311B

■莫當〔1〕隧弩循一完　　　　　　　　　　　　73EJD：312

【集注】

〔1〕莫當：隧名。

王

□戌卒汝南郡召陵始成〔1〕里

恭〔2〕

槖（檢）　　　　　　　　　　　　　　　　73EJD：313A

……敢伏伏地大重　　　　　　　　　　　　73EJD：313B

【校釋】

　　B面「敢」原缺釋，姚磊（2016F6）補。

【集注】

〔1〕始成：里名，屬召陵縣。

〔2〕王恭：人名，為戌卒。

■六石具弩一完　　　　　　　　　　　　　73EJD：314A

■六石具弩一完　　　　　　　　　　　　　73EJD：314B

▨槍▨　　　　　　　　　　　　　　　　　73EJD：315A

竟甯元□□□▨

渠上亭□□□▨

九月庚午□▨　　　　　　　　　　　　　　73EJD：315B

……□南部行者走▨（上部塗黑）　　　　　73EJD：316

通望隧日迹檮　　　　　　　　　　　　　　73EJD：320A

通望隧日迹檮　　　　　　　　　　　　　　73EJD：320B

通望隧日迹檮　　　　　　　　　　　　　　73EJD：320C

通望隧日迹檮　　　　　　　　　　　　　　73EJD：320D

廣地候官▨　　　　　　　　　　　　　　　73EJD：329

▨候長寫傳至▨　　　　　　　　　　　　　73EJD：331

肩水金關 72EJC　73EJC

肩水金關　▨　　　　　　　　　　　　　　72EJC：23

肩水金關▨　　　　　　　　　　　　　　　72EJC：24

肩水金□▨

肩水候官▨（原誤綴）（削衣）　　　　　　72EJC：29

肩水金關　　　　　　　　　　　　　　　　　　　72EJC：59

第八十□☑　　　　　　　　　　　　　　　　　　72EJC：73

【校釋】

　　十下有孔。

肩水金關　　　　　　　　　　　　　　　　　　　72EJC：113

肩水金　　　　　　　　　　　　　　　　　　　　72EJC：123A

關　　　　　　　　　　　　　　　　　　　　　　72EJC：123B

關嗇夫　　☑　　　　　　　　　　　　　　　　　72EJC：126

關嗇夫放☑　　　　　　　　　　　　　　　　　　72EJC：133

肩水金關　　☑　　　　　　　　　　　　　　　　72EJC：183+138

【校釋】

　　尉侯凱（2016B）、（2017B，354頁）綴，綴合後補「水金關」三字。

肩水金關☑　　　　　　　　　　　　　　　　　　72EJC：186

關嗇夫賞〔1〕　　□☑　　　　　　　　　　　　　72EJC：233

【集注】

　　〔1〕賞：人名，為關嗇夫。

肩水金關　　　　　　　　　　　　　　　　　　　72EJC：242

肩水金關　　　　　　　　　　　　　　　　　　　72EJC：243

肩水金關　　　　　　　　　　　　　　　　　　　72EJC：244A

肩水都尉　　　　　　　　　　　　　　　　　　　72EJC：244B

肩肩水金關閒關嗇夫放　　　　　　　　　　　　　72EJC：245A

肩水張張張子子　　　　　　　　　　　　　　　　72EJC：245B

□肩水金關肩□水　　　　　　　　　　　　　　　72EJC：246A

……（習字）　　　　　　　　　　　　　　　　　72EJC：246B

肩水金關　　　　　　　　　　　　　　　　　　　72EJC：289

金關　　　　　　　　　　　　　　　　　　　　　73EJC：309

■吏家屬符別〔1〕　　　　　　　　　　　　　　　73EJC：310A

■橐他吏家屬符真副〔2〕　　　　　　　　　　　　73EJC：310B

【集注】

〔1〕符別：鄔文玲（2017，166 頁）：符別，即符信，意思與傅別相類。《周禮・天
　　官・小宰》「四曰聽稱責以傅別」漢鄭玄注：「符別，故書作傅辨，鄭大夫讀為
　　符別，杜子春讀為傅別。」「傅別，謂券書也……傅，傅著約束於文書；別，
　　別為兩，兩家各得一也。」正是由於符信或符券通常需分別為二，雙方各持其
　　一以為憑證，故稱為「符別」。

　　　　今按，其說當是。符別即符券。

〔2〕符真副：鄔文玲（2017，166 頁）：「真副」，即正本和副本。此楬顯示橐他候
　　官吏家屬符的正本和副本並存一處。出現這種情況很可能是這些家屬符已製
　　作好，但尚未進行剖分。還有一種可能是，吏家屬符的正本在使用完畢之後交
　　還，與副本同時保存。

　　　　今按，其說當是。真副指正本及副本。

肩水金關　　　　　　　　　　　　　　　　　　　73EJC：317

肩水金關☒　　　　　　　　　　　　　　　　　　73EJC：325

東部候長彊〔1〕　　　　　　　　　　　　　　　　73EJC：335

【集注】

〔1〕彊：人名，為東部候長。

肩水金關　　☒　　　　　　　　　　　　　　　　73EJC：349

☒肩水廷隧次行☒　　　　　　　　　　　　　　　73EJC：364

□觻得成漢〔1〕里張存〔2〕

　牛一，黑害、齒八歲（檢）　　　　　　　　　73EJC：454

【集注】

〔1〕成漢：里名，屬觻得縣。

〔2〕張存：人名。

肩水候　八月戊戌騂北亭卒成〔1〕以來　　　　　　　73EJC：457

　　【集注】

　　　〔1〕成：人名，為戍卒。

□騂北亭長常〔1〕　　　　　　　　　　　　　　　　73EJC：495

　　【集注】

　　　〔1〕常：人名，為騂北亭長。

肩水候　　□
六月戊戌，王宣〔1〕以來　　□　　　　　　　　　73EJC：502

　　【集注】

　　　〔1〕王宣：人名。

稾矢銅鍭百　　　　　　　　　　　　　　　　　　　73EJC：566

　　【校釋】

　　　簡上端兩側有契口，當為繫繩處。

張掖都尉府行□　　　　　　　　　　　　　　　　　73EJC：577
肩水金關以亭行　　　　　　　　　　　　　　　　　73EJC：595A
亭長□敢言之　　　　　　　　　　　　　　　　　　73EJC：595B
肩水候官　　　　　　　　　　　　　　　　　　　　73EJC：596
肩水候以郵行　　　　　　　　　　　　　　　　　　73EJC：597
肩水金關　　　　　　　　　　　　　　　　　　　　73EJC：598
肩水金關　　　　　　　　　　　　　　　　　　　　73EJC：605

■平樂〔1〕隧鐵甲一完　　　　　　　　　　　　　73EJC：615

　　【集注】

　　　〔1〕平樂：隧名。

登□卒
山□囊（檢）　　　　　　　　　　　　　　　　　　73EJC：630

韻□子文

柳□舍（檢）   73EJC：631

居延□

□子長橐   73EJC：632

肩水候   73EJC：645

候長兵   73EJC：649A

五石具弩一   73EJC：649B

【校釋】

　　簡上端有契口，當為繫繩處。

肩水城☑

肩水金☑

九月戊辰☑   73EJC：673

居延查科爾帖 72ECC

　　……

⧖趙召南蘭一具入無取輒答足□

　　……（二次書）   72ECC：12A

　　　　　　　陳章

□趙召男子寬自作之

　　　　　　　王□字   72ECC：12B

☑□□並☑（中有一網方格符）   72ECC：20A

（圖案）   72ECC：20B

破胡〔1〕　　☑   72ECC：32

【校釋】

　　簡上端兩側有契口，並纏有繩子和封泥塊。

【集注】

〔1〕破胡：隧名。

☑□隧次行☑   72ECC：55

居延地灣 72EDIC

張掖☑
肩水☑   72EDIC：14